图一
"荣安驾校商业模式优化研究"
项目组参观驾校现代化训练场

图二
参观驾校现代化训练场地

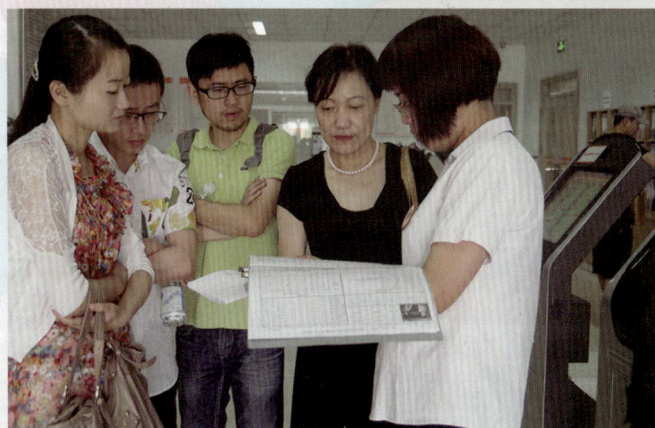

图三、图四
学员体会驾校实时打分机制

图五 上财老师、MBA学员和驾校负责人研讨

图六 上财老师、MBA学员和驾校负责人研讨

图七 "机构运营管理模式优化"项目小组研讨

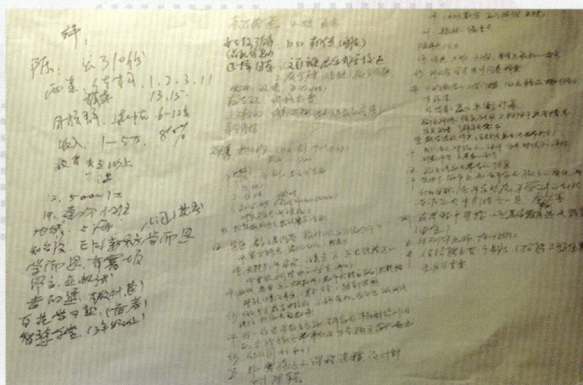

图八 "机构运营管理模式优化"项目小组讨论笔记

图九 "机构运营管理模式优化"项目小组成员合影

图十 "上海大众财富投资调查分析"
项目组深入企业调研讨论

上海财经大学MBA整合实践项目（2015）汇编

上海财经大学商学院

薛丽萍　主编

上海财经大学出版社
SHANGHAI UNIVERSITY OF FINANCE & ECONOMICS PRESS

图书在版编目(CIP)数据

上海财经大学 MBA 整合实践项目(2015)汇编/薛丽萍主编. 一上海:上
海财经大学出版社,2016.9
ISBN 978-7-5642-2461-5/F · 2461

Ⅰ.①上… Ⅱ.①薛… Ⅲ.①工商行政管理-研究生教育-教学研究-中
国 Ⅳ.①F.203.9

中国版本图书馆 CIP 数据核字(2016)第 116481 号

□ 责任编辑 石兴凤
□ 封面设计 杨雪婷

SHANGHAI CAIJING DAXUE MBA ZHENGHE SHIJIAN XIANGMU（2015）HUIBIAN
上海财经大学MBA整合实践项目（2015）汇编
上海财经大学商学院

薛丽萍 主编

上海财经大学出版社出版发行
(上海市武东路 321 号乙 邮编 200434)
网 址:http://www.sufep.com
电子邮箱:webmaster @ sufep.com
全国新华书店经销
上海华教印务有限公司印刷装订
2016 年 9 月第 1 版 2016 年 9 月第 1 次印刷

787mm×1092mm 1/16 8 印张(插页:1) 114 千字
定价:40.00 元

前 言

上海财经大学 MBA 整合实践项目是一项具有社会公益性质的商学实践教育项目,作为上海财经大学 MBA 教育的创新型课程,项目旨在培养 MBA 学生综合运用管理学相关理论与知识在实践项目中独立发现、分析和解决问题的能力,真正做到"知行合一"(Action Learning)。项目分为立项、实践和验收三个阶段,由企业提供项目选题、由专业教授带队 5～9 名上海财经大学 MBA 学生,与企业共同组成小型咨询团队,结合当前最新的理论研究,深入企业调研,提出有效的咨询建议或是系统性的解决方案。项目实施两年多以来,已分别为传统企业、创业企业等提供服务,涵盖金融、能源、教育等多个领域,获各界好评。

"整合实践"项目是上海财经大学商学院在 MBA 培养方式上的创新性尝试,通过课堂学习与企业实践的结合、课堂教学与体验式教学的结合,实现"知行合一"的人才培养目标。知识,强调分析工具及商业核心基础知识,通过课程提供的分析框架和背景知识体系,学生应能独立分析复杂的环境,并得出准确的结论;能力,则强调学生综合运用知识解决具体问题的领导力和执行力。该项目是一种在参与真实项目的过程中进行综合学习的方法,在项目实践过程中,完成理论知识向实战经验的转化;项目强调"实践和应用",将行动作为学习的主要环节,并将"行动"与"学习"整合在一个完整的过程中,实现在"行动"中"学习"。

从实施效果来看,项目实现了学生、教师、企业三方共赢。

对于学生而言,参与整合实践项目是一次独特的体验式、浸入式学习实践经历。一方面,可以提高发现问题、解决问题的能力,激发和调动自己的创造创新能力;另一方面,项目对学生团队协作能力的提升有着极大的促进作用。团队协作能力在工作中的重要性毋庸置疑,很多商学院也早已将其纳入 MBA 人才培养的重点能力之一,然而现实情况却不尽如人意。以上海财经大学商学院为例,根据近几年的 MBA 入学前生源质量报告,"团队精神"一项是 MBA 学生能力的短板之一。此外,整合实践选题同时可以作为学生的毕业论文选题,与论文创新相结合。

对于教师而言,该项目是一个教学相长的过程,是检验教学理念与教学成果、改进教学方法、丰富教学案例库的良好契机。作为项目的火车头,教师的引导很关键,只有实际操作经验丰富的导师才能给学生更好的指引。走出校园,深入企业,有助于教师真正看清社会的需求,回到校园后将积累的经验和阅历传授给学生,帮助学生更好地紧跟实际、发现问题。

对于企业而言,整合实践项目小组的入驻是一次免费而专业的管理咨询,有助于企业循序渐进地提升管理。首先是为企业"诊脉"。所谓旁观者清,项目小组以第三方的视角对企业高管进行访谈,并实地调研各项工作,可以发现企业自身忽视的管理盲点。其后便是"对症下药"。在 2～3 个月的时间中,项目组成员深入企业工作,用专业的管理知识帮助企业找到问题的解决方案,并以"教练"的角色手把手地与企业共同实践操作,可避免资源浪费和潜在损失,形成直接的价值创造。此外,商学院师生也给企业带来最新鲜的商业理念。

本书是上海财经大学商学院 MBA 整合实践项目 2015 年度成果的总结与展示。在项目运行的 3 个月期间,共有 21 名 MBA 学生、3 位专业指导老师参与;各项目小组都按时提交项目报告,圆满完成路演。值得一提的是,2015 年度项目选取的企业或处于创业初期,或是传统企业的创新尝试,与上海财经大学商学院近年来大力倡导的创新创业教育极为契合。尤其是,"荣安驾校商业模式优化研究项目"获评 2015 年度"优秀整合实践项目",其参与企业荣安驾校对我国驾培行业的商业模式创新具有颠覆式的影响。

本书第一部分为"2015年度MBA整合实践项目优秀报告":荣安驾校商业模式优化研究——基于营销改进的视角,由劳帼龄教授担当指导老师,李旎雅、韩雪冬、李欣、陈燕、金乐、裴扬等成员共同完成。项目综合运用战略管理和营销管理的相关理论知识,在总结荣安驾校商业模式成功之处的同时,系统地分析了荣安驾校经营的内外部环境、整体现状,特别是围绕消费者市场细分和营销渠道管理与优化,指出营销管理存在的问题和解决方案;同时为驾培企业在激烈的市场竞争中找准目标市场、进行精准的市场定位、提高市场占有率提供了理论指导和实践运行的思路,具有现实的意义。

本书第二部分是"2015年度MBA整合实践项目活动随想",对项目实施的全过程作记录及总结,并将项目核心成员的随笔集结。

我们欣慰地看到,项目方案设计的初衷均已达到。项目组都以企业战略定位为核心,全面分析企业的竞争态势和存在的问题,并提出改进建议方案,MBA学生、教师和合作企业均在过程中受益良多。作为一项具有社会公益性的商学实践活动,本项目也不负上海财经大学商学院"培植商业人才,研究商学,领导商人,构建和传播商业文明"的使命。

注:为维护企业利益,书中所涉及的部分企业名称以代码标注。

目 录

附录

第二部分　2015 年度 MBA 整合实践项目活动随想

第一部分

2015 年度 MBA 整合实践项目优秀报告

荣安驾校商业模式优化研究

——基于营销改进的视角①

李旎雅、韩雪冬、李欣、陈燕、金乐、裴扬

指导老师　劳帼龄

摘　要: 驾培行业从 1988 年起,经历了 1988~1993 年的起步期、1993~2004 年的导入期、2004~2012 年的快速增长期后,从 2012 年起,增长速度已趋放缓,竞争重点除了争取更多的客户外,更注重细分市场和品牌差异化。

多年来,驾培行业"吃、拿、卡、要"等不正之风屡禁不止,学员投诉数量居高不下,行业乱象多年来一直饱受诟病。本项目研究对象——荣安驾校坚持诚信创造价值、为顾客提供积极快乐的学习体验等理念,创新采用"先学后付、分段计时、一人一车、四个自主"的培训模式,自 2008 年成立以来创造了较高的营业收入。但是随着驾培行业进入低速增长期,荣安驾校也面临学员数量扩张放缓、广告投放不精准、营销渠道转换率低、门店创收效益尚未有效显现等诸多问题。荣安驾校希望通过对其商业模式的梳理优化,帮助企业应对市场挑战,实现公司未来 3 年各方收益翻番的目标,本项目就是在这一背景下提出的。

一个商业模式的成功,通常需要有明确的价值主张、消费者目标群体、分销渠道、客户关系、价值配置、核心能力、合作伙伴网络、成本结构、收入模型等关键因素的支持。面对市场环境的变化和消费者行为的变化,驾校的商业模式也

---

①　本报告为上海财经大学商学院 2014 级 MBA 学生参加商学院组织的 2015 年整合实践项目时所撰写,报告所有权归上海财经大学商学院。本报告仅供教学交流使用,未经允许,本报告的所有部分都不能以任何方式与手段擅自复制或传播。

必须随变化而优化,关注点将从重视简单客户数量增长转移到以客户管理为重点。商业模式优化的这一切入点需要我们从营销的视角来审视。

作为 MBA 整合实践项目,本课题本着理论联系实际的原则,综合运用战略管理和营销管理的相关理论知识,在总结荣安驾校商业模式成功之处的同时,系统地分析荣安驾校经营的内外部环境、整体现状,特别是围绕消费者市场细分和营销渠道管理与优化,指出营销管理存在的问题,进而结合驾校实际,提出驾校未来营销管理的优化方向和建议。

由于现有的关于商业模式优化的研究大多是针对一般企业进行的,针对驾培企业的商业模式优化或者营销管理优化的研究相对较少,而驾培作为一个特殊的服务行业,有着其特有的顾客群体和消费方式,不能直接套用一般企业的营销管理方式,所以本项目的实践具有一定的开拓意义。本项目报告为驾培企业在激烈的市场竞争中找准目标市场、进行精准的市场定位、提高市场占有率提供了理论指导和实践运行的思路,具有现实的意义。

本项目报告由五个部分组成。第一个部分就本项目研究的背景、意义、目的、方法等进行综述,并对商业模式理论,营销管理的 4P、4C 理论和战略管理的 STP 理论等相关概念进行了阐述和界定。第二个部分详细分析了上海驾培行业的整体状况:首先对上海驾培行业的发展现状进行分析,鉴别目前上海驾培行业发展周期,其次对上海驾培行业的消费客群进行分析,最后分析了上海驾培行业的竞争情况和品牌建设情况。第三个部分通过对荣安驾校的发展历程、核心竞争力、经营情况和未来远景规划的阐述分析,提出荣安驾校商业模式优化的必要性以及优化的重点方向。第四个部分是项目组整个调研工作的汇聚,梳理汇报了项目组为了验证荣安驾校模式的市场接受度以及如何获取市场资料和数据所做的各项主要工作,包括项目小组讨论、问卷调研、企业访谈、实地调研(含荣安驾校总部、荣安驾校门店以及其他驾校)、网络搜索等,以及在大规模调研基础上整理出来的竞争对比分析,清楚地揭示了荣安驾校在营销方面有待解决的问题。第五个部分,本着优化荣安驾校商业模式的目标,以改进营销为切入点,结合 4P 和 4C 理论,在明确荣安驾校目标市场和品牌定位的基础上提出了驾校的营销策略和费用投入建议。

通过对本项目的研究,我们认为,对于日益扩张的荣安驾校,吸引更多的学员仅仅是起步,更重要的是要建立差异化服务产品体系以及O2O立体化的全覆盖渠道,以营销改进为切入点的商业模式优化,将有助于荣安应对市场挑战,实现未来目标。

关键词:驾驶培训　营销管理　战略　商业模式

第一章 绪 论

第一节 项目研究背景

社会经济的迅速发展带动了人们生活水平的不断提高,日益增加的驾驶需求也促进了驾驶员培训行业的不断扩张。自 2003 年开始驾培企业如雨后春笋般纷纷涌现,但由此也导致了种种违规现象不断蔓延、频频出现且日益突出。在经济利益驱动下,培训机构和教练员通过不断地缩减学员学时、教学日志造假、教练车辆投机等想方设法使学员尽快通过考试,以招收更多的学员、获得更多的收入。这些不规范的做法不仅侵害了消费者的权益,引发了学员的不满和投诉,而且在源头上形成了薄弱环节,增加了安全隐患。

公安部交管局自 2013 年开始逐步推进"驾考"改革进程。2013 年"新国标"颁布实施后,行业结构调整开始加大力度。受土地和资金制约,多数驾校将由综合培训转向专项培训,只有少数符合条件的驾校能够从事综合培训,进而形成专项培训相对分散、大小车综合培训相对集中的新格局。一些大驾校已开始扩建场地科目。有的品牌驾校正在通过兼并、联合经营等途径跨区域扩张。2015 年 8 月,车管所放宽对教练车的学员额度要求,上海各大驾校纷纷调低学车价格,降幅在 500~1 500 元。10 月,公安部选择上海部分驾考基地,开始小范围试点网上自主预约考试,并计划于 2016 年在全市范围内实行。真正的自学自考、异地约考的时代将越来越近,原有的驾培行业生态环境发生了改变,这对传统驾培行业造成了冲击,但同时也带来了发展的新机遇。

荣安驾校于 2008 年创新采用"先学后付、分段计时、一人一车、四个自主"

的培训模式,给学员在选择培训项目、时间、价格、教练等方面以充分的自主权,2013 年底成立了荣安驾校的第一家全资连锁驾校——上海荣安朱泾机动车驾驶员培训有限公司,是目前国内唯一一家采用卫星差分等多项技术,以信息化系统对学员培训全过程实时、自动记录培训时间多少、行驶里程长短、练习项目次数、训练效果优劣、培训收费高低的"先学后付,计时培训"示范驾校。荣安驾校自创建以来,学员规模迅猛增加,已累计培训27 000多名学员;培训质量得到高度认可,被评为全国驾培行业文明诚信优质服务示范驾校、上海市驾培行业诚信考核 AAA 级。荣安朱泾校区在 2014 年度上海市驾培行业企业质量信誉考核结果中排名第 14 位。2013 年至 2015 年营业收入、利润率呈持续高增长态势,近两年的招生毕业率均高于行业 71% 的平均水平,市场份额约占 2%。2016 年荣安驾校正在积极筹划,力图通过强化主营业务的科技深度,扩大主营业务的运营规模,提升云驾校管理的水平,拓展和延伸汽车消费服务等多元化商业模式,使公司成为不断创新驾培模式、不断创新应用新技术、对社会有强烈责任心的汽车综合消费运营服务商。

伴随着荣安驾校未来规划的实施,其商业模式的优化也就不可避免地被提到管理者的议事日程上。

第二节　项目研究目的及意义

伴随着行业管制的解除、驾校实际培训能力的释放、自学自考时代的来临、驾校学员数量扩张放缓,未来 3 年内荣安驾校要达到年培训学员数逐年递增50%、年培训毕业人数逐年递增 50%、保持净利润率 25% 的经营水平的目标,需要重新调整战略重点,简单地增加客户数量不再是最优先的目标,管理客户将是目前最重要的战略核心。

本项目以 MBA 整合实践项目为契机,本着理论联系实际的原则,遵循发现问题、解决问题的思路,尝试以荣安驾校的营销为分析和诊断的切入点,提出优化荣安商业模式的建议。

本项目将通过对荣安驾校营销管理现状深入的调研，探讨影响荣安驾校学员数量扩张放缓、广告投放不精准、营销渠道转换率低、门店创收效益尚未有效显现的关键因素，提出操作性强、能有效实施的合理化建议及措施，构建荣安驾校的营销策略框架，达到优化营销管理及价值实现的目的，推动荣安驾校品牌的发展及管理水平的提升。

第三节　项目研究方法

主要将通过企业调查，借助数量分析法、层次分析法、数据统计法，结合项目调查与案例分析等途径解决，具体研究方法包括：

一、归纳法

在理论上的发现主要采用归纳法，在吸收诸多管理学派理论的基础上，将商业模式理论、营销管理理论、战略管理理论进行归纳梳理，形成研究的理论基础。

二、问卷调研法

这是本项目获取实证数据的方法。根据项目需要，设计了相关调研问卷两份，包括"荣安驾校学员调查问卷（一）"和"上海机动车驾驶员培训市场调查问卷（二）"（详见附录）。

三、理论和实践相结合的方法

在分析营销管理理论及方法的基础上，结合荣安驾校的实际情况，对两者之间的关系进行考察。

四、对比分析法

本项目采用横向和纵向的对比方法，在纵向上对上海驾培行业的发展脉络进行梳理；横向上将荣安驾校与上海市具有优势的驾校进行对比。

五、层次分析法

本项目还采用层次分析法对采集的数据进行分析。层次分析法是一种定性和定量相结合的、系统化的、层次化的分析方法。层次分析法具有很多优点，不仅适用于存在不确定性和主观信息的情况，还允许以合乎逻辑的方式运用经验、洞察力和直觉。

第四节　项目理论依据

本项目研究综合运用商业模式理论、市场营销理论、战略管理理论、整合传播营销理论等多个学科理论，从全媒体时代这一大的背景出发，结合荣安驾校的实际情况，从产品、价格、渠道、促销等方面制定了品牌驾校的市场营销策略。

一、商业模式理论

在战略定义的层次上，商业模式被描述为不同企业战略方向的总体考察，涉及市场主张、组织行为、增长机会、竞争优势和可持续性等。KMLab 顾问公司在 2000 年将商业模式定义为，对于企业意图如何在市场中建立价值的描述，包含企业的产品、服务、形象与营销的独特组合，也包含用以完成工作的人员与作业基础建设的基本组织。Dubosson-Torby 等(2002)认为，商业模式是说明企业及其伙伴网络如何为获得可持续的收益流，而为一个或者数个目标顾客群体架构创造、营销、传递价值和关系资本的描述。

商业模式是一个系统。商业模式的各组成部分，即其构成要素，大体有 9 个，可归为 5 类。

(1)价值主张。即公司通过其产品和服务所能向消费者提供的价值。价值主张确认公司对消费者的实用意义。

(2)消费者目标群体。即公司所瞄准的消费者群体。这些群体具有某些共性，从而使公司能够(针对这些共性)创造价值。定义消费者群体的过程也被称为市场划分。

（3）分销渠道。即公司用来接触消费者的各种途径。这里阐述了公司如何开拓市场。它涉及公司的市场和分销策略。

（4）客户关系。即公司与其消费者群体之间所建立的联系。通常所说的客户关系管理即与此相关。

（5）价值配置。即资源和活动的配置。

（6）核心能力。即公司执行其商业模式所需的能力和资格。

（7）合作伙伴网络。即公司与其他公司之间为有效地提供价值并实现其商业化而形成合作关系网络。这也描述了公司的商业联盟范围。

（8）成本结构。即所使用的工具和方法的货币描述。

（9）收入模型。即公司通过各种收入流来创造财富的途径。

二、4P、4C 理论

美国市场营销协会（AMA）对市场营销的定义为：市场营销管理是计划和执行关于商品、服务和创意的观念、定价、促销和分销，以创造能符合个人和组织目标的交换的一种过程。[①] 著名营销学大师菲利普·科特勒教授定义市场营销为：市场营销是个人和群体通过创造并同他人交换产品和价值以满足需求和欲望的一种社会和管理过程。

随着社会经济的发展、市场竞争者们的不断实践和探索、市场营销的观念不断地完善更新，整合营销传播出现在人们的视野。4P 理论是在整合营销概念下于 20 世纪 60 年代由美国教授麦肯锡提出来的即产品（Product）、价格（Price）、渠道（Place）、促销（Promotion）4 大营销组合策略。4P 理论从本质上来说是从企业的角度来思考的营销策略，它强调的是企业通过生产合适的产品，制定合理的价格，利用一定的传播路径和有效的促销手段，把产品投放到需求市场，从而获取利益的整个营销过程。4P 理论是营销学的基本理论，它为整个复杂的营销活动构建了一个框架，指导着企业解决营销问题。

---

① 菲利普·科特勒. 营销管理[M]. 北京：中国人民大学出版社，2003：10.

4C 营销理论是在 20 世纪 90 年代由美国的劳特朋教授提出来的,即消费者(Consumer)、成本(Cost)、便利(Convenience)、沟通(Communication)4 大营销组合策略。4C 理论是以消费者为中心,设定市场营销组合的四个基本要素,强调企业要以消费者为中心,根据消费者的需求,生产产品或提供服务,同时根据消费者的购买力制定总成本,包括时间成本、购买成本等,然后充分考虑消费者购买商品的便利性,选择合适的分销渠道,扩大产品的覆盖率,最后还必须与消费者进行有效的沟通,了解消费者的消费诉求,寻找彼此间的共赢点,从而建立长期有效的关系。

4P 理论是组合营销的基本框架,它是营销的策略和手段。4C 理论是在 4P 理论的基础上,从消费者的角度提出的一种营销理念和标准,4C 理论的实现也必须通过 4P 的策略来实现。比如,4C 理论中的以消费者为中心,需要通过 4P 理论中的产品和服务来满足消费者;要实现便利性,也需要通过选择不同的渠道去完成;等等。综上所述,4P 并不是像有的学者所说的已经过时,它依然是市场营销组合中的经典理论,4P 和 4C 理论也不是矛盾对立的,二者之间只是描述的角度不同。

三、STP 战略理论

科特勒认为,"现代战略营销的核心可定义为 STP 市场营销,即市场细分(Segmenting)、目标市场选择(Targeting)和市场定位(Positioning)"。[①] 市场细分(S)于 20 世纪中期由温德尔·史密斯提出,它是营销活动的基础,也是保证营销策略制定的关键;目标市场选择(T)是企业在市场细分之后,按照一定的评估标准,选择即将要进入的市场;市场定位(P)是由杜阿尔·莱斯于 20 世纪 70 年代提出的,是指企业为了得到顾客的认同,根据自身的特征和属性制定鲜明的个体形象。

因此,研究驾校的商业模式时,既要研究驾校本身,也要研究驾校的受众,同时还要考虑到整个驾培市场。

---

① 菲利普·科特勒. 营销管理[M]. 北京:中国人民大学出版社,2003:10.

第二章　上海驾培行业整体状况

第一节　上海驾培行业发展现状

我国的驾培服务行业经历了四个时期(见图 2—1)：(1)起步期：1988 年至 1993 年，由公安交警部门负责管理和考试，驾驶员主要来源于公安交警部门自己举办的驾驶培训班、委托专业运输企业开办的培训学校和技工学校驾驶专业开办的培训班。(2)导入期：1993 年至 2004 年，驾驶员主要来源于公安交警部门办的驾校、公安交警部门认可的社会驾校、各类大专院校办的培训班、原有的培训班等，这是我国驾驶员培训行业最为混乱的时期，驾驶培训班无规律地增长。这个时期的竞争重点是"更多的客户"，市场特点是每个驾校都可以从快速增长的市场中获得成长。(3)快速增长期：2004 年以后，实现真正意义上的考培分离，交通管理部门和公安机关考试部门逐渐开始协调、配合，培训与考试制

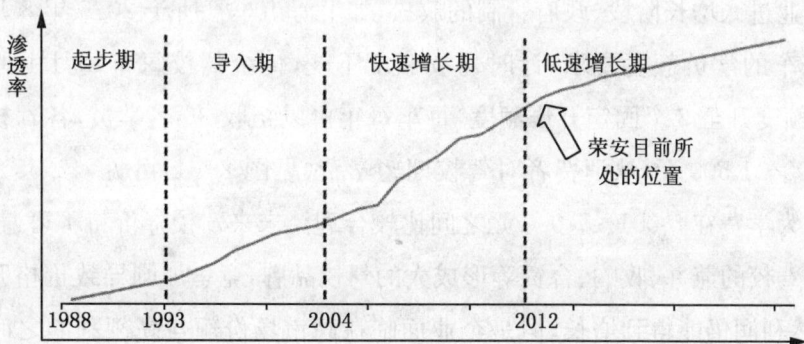

图 2—1　上海市驾培市场发展周期

度逐渐完善,驾校开始有序发展,驾培市场逐渐规范,驾驶员培训走上社会化、市场化道路。2004 年至 2012 年驾培行业经历了连续 8 年的快速增长期,很多驾校已经采取一定的经营对策。这个时期的竞争重点是追求更高的利润;市场特点是竞争日益激烈、价格持续走高、利润持续增长,一些驾校开始注意建立自己的品牌。(4)2012 年后的低速增长期,竞争重点除更多的客户之外还有就是更好的市场细分。市场将更注重细分市场和品牌差异化。从图 2—2 可见,上海驾培市场也同样经历了这样的发展趋势,在 2012 年出现了拐点。

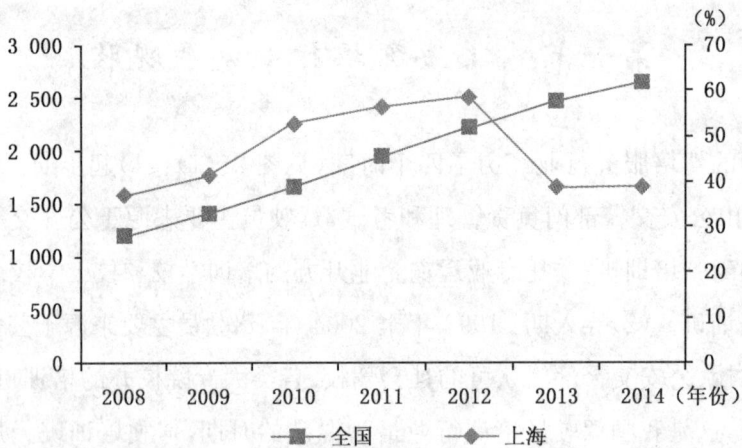

图 2—2　2008～2014 年上海与全国驾驶员培训人次比较

　　驾培行业在导入阶段,由于政府管制造成的垄断,企业的利润不断增长。随着行业进入增长阶段、政府管制的放松,如上海市车管所于 2015 年 8 月放宽对教练车的学员额度要求,计时驾校额度不变,传统驾校每车每月由原来的1.5 个额度升至 3 个固定开班额度,每车每年可以招收 36 名学员,各驾校纷纷降价 500～1 500 元,从消费者对驾校期望学费(见图 2—4)可见,42.55％的消费者认为学费在 5 001～7 000 元之间比较合理。未来驾校降价将不可避免。

　　而驾校的兼并、收购、合资等形成大的驾校品牌,竞争加剧导致价格开始下降,虽然利润仍能得到增长,但是企业面临在高市场份额与高额利润之间做出选择。

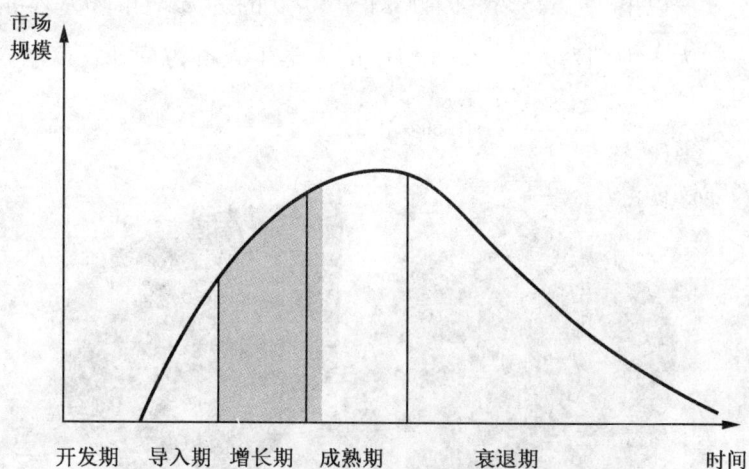

图 2—3　驾培行业发展生命周期

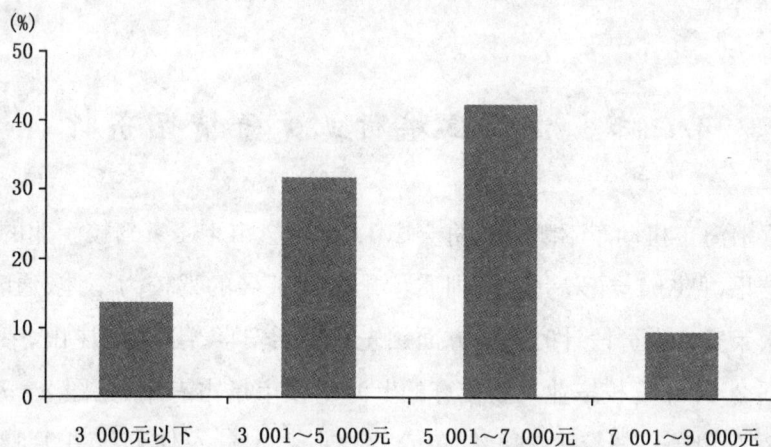

图 2—4　消费者对驾校学车费用的期望价格

第二节　上海驾培行业消费客群分析

根据对上海市没有驾照但计划学车的人群调研结果显示(见图 2—5),学员的年龄段主要分布在 21～40 岁,其中 31～40 岁占 42.55%,21～30 岁占

41.49％,20 岁以下占 7.45％。因此 21～40 岁的为驾培市场基本消费人群, 26～30 岁的为主力消费人群,20 岁以下的大学生人群为待开发市场。

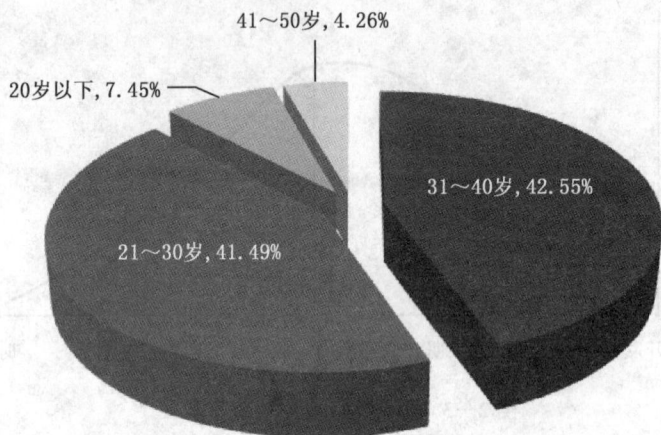

图 2—5　上海市机动车驾驶学员构成比例

第三节　上海驾培行业竞争情况分析

　　根据上海市机动车驾培行业协会 2014 年对全市 184 家驾校企业的质量信誉考核结果(见图 2—6),上海培训质量排名前五名的驾校为军体、通略、小昆山、大众、荣安。在分段计时驾培方面领先者包括安亭、翔茂、小昆山、荣安等。

　　根据 2014 年驾校毕业人数核算的上海驾校市场占有率(见图 2—7),通略驾校占 3.1%、荣臣驾校占 2.8%、荣安驾校占 2.3%、军体驾校占 1.1%,市场并未形成垄断格局,还处于分散竞争的态势。

　　2013 年颁布的"新国标"按场地面积和教练车数量核定类别,提供大车培训的驾校训练场面积须达 71 亩至 105 亩。受土地和资金制约,多数驾校将由综合培训转向专项培训,这一格局适应学驾小车人数多的市场需求,2014 年以来,一些大驾校已开始扩建场地科目。有的品牌驾校正在通过兼并、联合经营等途径进行跨区域扩张。驾培行业结构将进一步分化,由原来分散竞争转向集中竞争。

序号	现有许可证号	简称	业户名称	等级评定
1	沪市310000001697	军体	上海军体汽车驾驶培训有限公司	AAA
2	沪市310000003097	通略	上海通略机动车驾驶员培训有限公司	AAA
3	沪市310000003418	小昆山	上海小昆山机动车驾驶技术学校	AAA
4	沪市310000003111	大众	上海大众驾驶员培训有限公司	AAA
5	沪市310000007196	荣安	上海荣安机动车驾驶员培训有限公司	AAA
6	沪市310000003094	通略阳浦	上海通略阳浦机动车驾驶员培训部	AAA
7	沪市310000011261	安亭	上海安亭机动车驾驶员培训有限公司	AAA
8	沪市310000003385	市中心	上海市机动车驾驶员培训中心	AAA
9	沪市310000003362	新河	上海新河机动车驾驶员培训有限公司	AAA
10	沪市310000002812	通永	上海通永实业有限公司通裕机动车驾驶员培训部	AAA
11	沪市310000002497	金山	上海金山机动车驾驶员培训有限公司	AAA
12	沪市310000011115	翔茂	上海翔茂驾驶员培训有限公司	AAA
13	沪市310000003344	荣臣	上海荣臣机动车驾驶员培训有限公司	AA
14	沪市310000011259	荣安朱泾	上海荣安朱泾机动车驾驶员培训有限公司	AA
15	沪市310000001705	申通八部	上海申通驾驶员培训八部有限公司	AA
16	沪市310000003087	南汇	上海南汇汽车驾驶培训有限公司	AA
17	沪市310000003054	建工构件	上海建工构件运输有限公司驾驶员培训部	AA
18	沪市310000002127	申通七部	上海申通驾驶员教育培训七部有限公司	AA
19	沪市310000001750	兴安	上海兴安驾驶员培训有限公司	AA
20	沪市310000002793	星元	上海星元机动车驾驶员培训有限公司	AA
21	沪市310000002862	海博南浦	上海海博南浦汽车驾驶员培训有限公司	AA
22	沪市310000002114	龙泉	上海龙泉机动车驾驶员培训有限公司	AA
23	沪市310000003337	第一学校	上海市机动车驾驶员第一培训学校	AA
24	沪市310000002540	高发	上海高发驾驶员培训中心	AA
25	沪市310000003372	益地	上海益地驾驶员培训有限公司	AA
26	沪市310000003395	申浦	上海申浦机动车驾驶员培训有限公司	AA
27	沪市310000009633	华茂	上海华茂机动车驾驶员培训有限公司	AA
28	沪市310000003053	谊华	上海谊华驾驶员培训有限公司	AA
29	沪市310000002796	邮佳	上海邮佳驾驶员培训有限公司	AA
30	沪市310000003318	万隆	上海万隆机动车驾驶员培训中心	AA
31	沪市310000003117	东方	上海东方机动车驾驶员培训中心	AA
32	沪市310000003126	恒元	上海恒元驾驶员培训有限公司	AA
33	沪市310000003325	恒通	上海恒通机动车驾驶员培训有限公司	AA
34	沪市310000003310	申通二部	上海申通驾驶员培训二部有限公司	AA
35	沪市310000002825	宝山公交	上海宝山巴士驾驶员培训有限公司	AA
36	沪市310000002092	迪光	上海迪光驾驶员培训有限公司	AA
37	沪市310000002141	联农	上海市联农机动车驾驶员培训职业学校	AA
38	沪市310000002511	爱卡	上海爱卡机动车驾驶员培训有限公司	AA
39	沪市310000002380	路顺	上海路顺驾驶员培训有限公司	A
40	沪市310000008911	嘉定	上海嘉定机动车驾驶员培训有限公司	A

图 2—6　上海市机动车驾培行业协会 2014 年企业质量信誉考核结果

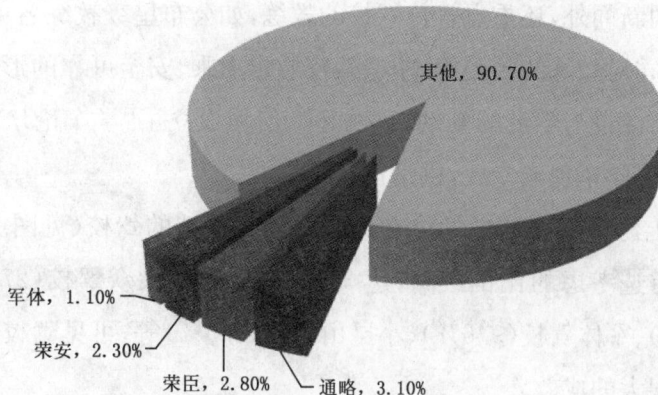

图 2—7　上海市主要驾校市场占有率

第四节　上海驾培行业品牌建设情况

近两年随着市场的发展,上海各大驾校均以"质量"、"安全"、"诚信"、"学员至上"等为主要亮点宣传自己,比如上海通略驾校的企业精神是"诚信为本,服务至上,规范管理",宣传口号是"您学车,我服务"。上海大众驾校的企业精神是"风正务实、温馨培训",宣传口号是"善待学员、快乐学车"。上海小昆山驾校的企业精神是"精心施教、贴心服务、轻松学车、快乐启程",宣传口号是"选择我们,就是选择放心"。上海安亭驾校以"一人一车、轻松学车,计时收费、先学后付,规范教学、诚信服务,以人为本、求实创新"为企业特色,宣传口号是"学员至上,诚信为本"。

在品牌策划及活动方面,上海通略驾校做得比较好。如图2—8(a)和图2—8(b)所示,其开展了一系列针对特定消费群体的品牌合作活动,包括:十大银行分期付款学车,"0"首付、"0"利息、"0"手续费;毕业学员尊享中心城区道路驾驶体验;与工商银行上海市分行合作,通过工商银行银联信用卡成功支付享受30元购买通略驾校2小时汽车陪练服务;与爱学贷合作,针对在校大学生、研究生和博士生;与青客合作,针对年轻租房人群;与"河狸家"美甲合作,为驾校的学员提供美甲服务,创造更良好的氛围,让他们享受更多的乐趣。

在软文宣传方面,各驾校均以宣传公司简介和报名热线为主,上海通略驾校除宣传公司新闻外,还重点宣传驾校的教练,如公布星级教练名单、教练团队所获荣誉、公司对教练的关爱等,塑造驾校质量上乘、安全可靠的形象。另外一些驾校还非常注重与学员的互动,官网和微信均设立了"学车论坛",供学员交流,或者设立了学车视频专区,供学员自行学习。

而根据上海市驾驶培训学员在选择驾校时首选的驾校(见图2—9),其中荣安驾校被首选考虑的比例最高,达37.2%,接着是大众驾校(27.7%)、通略驾校(19.2%)、军体驾校(9.6%)、小昆山驾校(8.5%)等,可见驾校建设品牌对吸引学员有很大的成效。

ICBC 中国工商银行 上海市分行
15羊威
老工帮你
练开车
2015年10月1日-12月31日
通略驾校 陪练服务
¥15
每小时
¥30 汽车陪练 /2小时
通过工银银联信用卡成功支付，享¥30
购买通略驾校2小时汽车陪练服务。
活动对象：
工商银行上海市分行发行的工银银联品牌（卡号以62开头）信用卡持卡人
活动细则：
· 须关注“工银牡丹惠上海”微信公众号或登录card.zoe360.com活动专区参与活动。
· 活动限量200份，每卡限购1次。
· 支付成功，将以电子券的形式通过短信发送至用户手机，凭该短信中8位数字代码通过电话或网络激活后使用，代码有效期至2015年12月31日。
· 预约说明：
用户直接致电通略陪驾客服热线95105188向客服报出电子代码直接激活；或通过“上海通略驾校总部”微信公众号，在“兑换优惠券”中输入电子代码激活并预约陪驾时间；
该活动不限手动挡或自动挡；
陪驾上门接送范围限外环内，外环以外请提前预约和客服沟通；
其他陪驾细则以通略俱乐部公示条款为准。
购 买
通略驾校
www.tlpx.com.cn
95105188
通略驾校连续五年被上海市公安局交通警察总队、城市交通局、驾培协会评选为上海市驾校行业前三名，获得2007~2013年度上海市AAA级诚信企业和A级驾校。高效服务、质量第一、信誉至上，是通略驾校的办学宗旨。公司志在打造唯一为学员提供延伸服务的驾校，打破传统，相继引进汽车俱乐部这一国外先进服务概念、并用多元化产品服务于通略学员。
咨询热线：400-667-5588（周一至周日 9:30~17:30）

(a)

浦发信用卡 "0" 利息

商场免息分期 时尚生活轻松享

上海通略驾驶培训

0 首付/利息/手续费

期数：3期/6期/12期

分期金额	期数	客户分期手续费
1000元-50000元	3	0.0%
1000元-50000元	6	0.0%
1000元-50000元	12	3.0%

(b)

图 2—8　上海通略驾校宣传海报

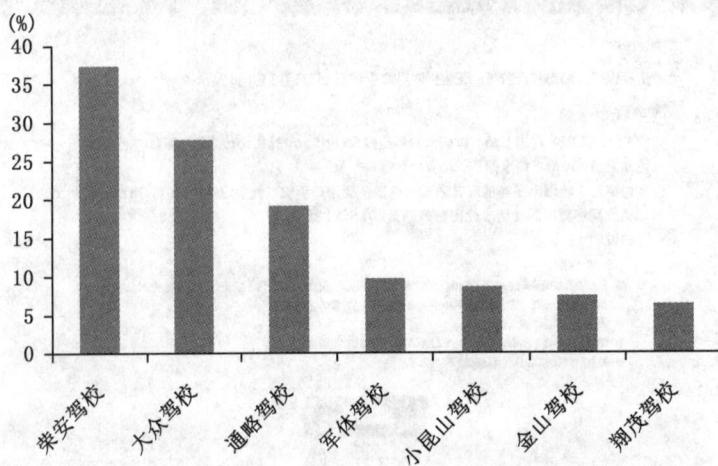

图 2—9　上海市驾驶培训学员选择驾校时首选驾校占比

第五节　小　结

由此可见,整个上海驾培市场处于低速增长的阶段。随着政府管制的放松,竞争加剧导致价格开始下降,大型驾校开始通过兼并、收购、合资等形式形成各自的品牌,企业面临在高市场份额与高额利润之间做出选择。

第三章　荣安驾校商业模式优化
必要性分析

第一节　荣安驾校发展历程

2006 年,荣安购置驾校用地完毕,开始着手组建营销团队、运营团队、技术团队、教练团队,于 2008 年正式运作。

为进一步规范机动车驾驶员培训和考试工作,探索机动车驾驶员源头管理新思路,上海市城市交通运输管理处于 2007 年 11 月 7 日函发《关于商请配合开展计时收费试点工作的函》至车辆管理所,商讨有关机动车驾驶员分段计时培训的事项,方案得到了车管所的认同与支持。两个管理部门随即共同成立教考改革工作小组,认为当时新建的荣安驾校具备体制新、规模小、设施全的特点,且市场化经营、操作规范等理念也非常契合上海市城市交通运输管理处和车辆管理所的教改精神,所以首先考虑将其作为第一家试点单位。

2008 年 8 月,分段计时培训试点工作在荣安驾校正式启动,上海荣安机动车驾驶员培训有限公司(简称荣安驾校)成为上海市城市道路交通运输管理处和上海交通警察总队车辆管理所指定的创新模式试点单位,成为全国第一家机动车驾驶员培训分段计时的试点单位。

荣安驾校自创建以来,学员规模迅猛增加,已累计培训27 000 多名学员;培训质量得到高度认可,被评为全国驾培行业文明诚信优质服务示范驾校、上海市驾培行业诚信考核 AAA 级;2013 年底,荣安驾校的第一家全资连锁驾校——上海荣安朱泾机动车驾驶员培训有限公司成立。它是目前中国唯一一家采用卫星差分等多项技术，以信息化系统对学员培训全过程实时、自动记录培训时间多少、行驶里程长短、练习项目次数、训练效果优劣、培训收费高低的"先学后付，计时培训"示范驾校。

第二节　荣安驾校核心竞争力

荣安驾校以"诚信创造价值"为宗旨，以"为顾客创造快乐的学习体验"为目标，在全国首创"先学后付，计时收费，一人一车，四个自主"的分段计时培训模式，并成功开发出"荣安驾校分段计时教学、考试管理信息系统"，给学员的全程培训提供了截然不同的全新培训体验。

一、先学后付，学员掌握话语权

传统的驾培模式，学员应在决定报名学车、现场登记时，就要一次性支付所有的费用包括报名费、培训费、教材费等，但在荣安驾校的创新模式中，学员在报名之初只需先行缴纳报名费用，包括考试费、办证费、考试设备租赁费、教材费、理论知识培训费等，共计 1 000 元即可；而且对于每项收费，都在培训合同中给出清晰的明细。后续的培训费用，只需要学员在中银通支付卡中进行充值，然后按照每次参加培训所需要支付的学时单价进行刷卡支付即可，学员选择的培训时间段不同，支付的学时单价也略有差异。通常是周末培训学时的单价略高一些，工作日晚上的培训学时单价略低一些。

二、时间/价格任由学员选

荣安驾校参照《机动车驾驶培训教学与考试大纲》，将考核的知识、技能要点进行了模块化的分解，包括理论知识学习、驾驶模拟器操作、场内驾驶技能（包括独立驾驶培训）、道路驾驶技能（包括夜间驾驶和同车互动驾驶培训）、综合驾驶及考核培训，以及科目一、科目二、科目三考试，为学员提供了专业、系统的培训体验。

荣安驾校的创新模式给了学员很大的自主权,特别是在培训时间和教练员的选择方面,学员可以根据自己的时间安排和对教练员的风格匹配情况进行自主选择。荣安驾校每天除了 12:00~12:30、17:30~18:00 是规定的用餐时间,提供给学员的培训时间从早上 7:00 开始至晚上 22:00 结束,每一个小时计为一个学时。学员可以自行在网上登录,在线进行预约。

三、实时监控,教练再难生猫腻

荣安驾校为彻底摈弃驾培行业的信息不透明、不对称所引发的"潜规则",不惜花重金在全国驾培行业首家成功研发出驾校学事管理信息系统、场内训练监控子系统、道路训练监控子系统、供交通运管部门监控的子系统、供公安车管部门监控的子系统五大信息系统。

学员每次培训前指纹签到,在随后的整个培训过程中都由电脑随车进行实时记录和监控,既对教练员的专业性、规范性、服务意识和教学效果进行了全程跟踪,同时也对学员的受训时间、学习态度和学习效果等情况做出了精准的记录。当学员针对培训过程提出异议时,荣安驾校可以提供完整的数据进行核实和判断,不仅能够有效地解决学员对教练员的投诉问题,同时也对学员和教练员都产生了较好的约束效用。

荣安驾校的这套信息系统不仅能够自动记录培训学时、培训里程、培训项目、培训效果,还能够产生教学日志和培训费用等信息数据,消费者可及时验证其本次消费的培训学时、里程是否足额。所以,荣安对消费者郑重承诺,如果消费者依据现场打印的教学日志中出现异常数据,可以拒付本次培训费用,并有权向驾校提出索赔。

四、学员评教,彻底翻身做上帝

传统的驾培模式,教练是"师傅",学员是"徒弟","徒弟"只有听从"师傅"的教诲和指令,通常不得向"师傅"提要求,不能指责"师傅",更没有机会评价师傅的能力与水平。

荣安驾校的创新之举是通过"学事管理系统",以电子化教学采集的数据作为源头,对员工进行量化绩效考核。荣安驾校将教练员的工资分成两个部分,其中绩效工资占总收入的60%左右,且具体分为质量绩效工资和数量绩效工资,而绩效工资的高低是由学员通过在线评教监督打分决定的。每位学员在完成每一个考试环节后至下一个环节开始之前,必须上荣安驾校官方网站,对教过自己的每位教练员的服务态度、带教技能等指标进行独立打分评价,教练员得分越高,其质量绩效工资越高;教练员被学员选中带教的学时越多,他的数量绩效工资就越高。荣安驾校还根据岗位不同逐步制订了多重考核方案,考核方案中"学员满意度"、"车辆安全与车辆管理"占考核总分值的59%以上,并将考核结果以公示的方式呈现在员工公告栏,以此来调动员工的积极性。

第三节 荣安驾校经营分析

一、荣安驾校市场增长情况

根据荣安驾校2012~2015年入学人数(见图3—1),2014年入学人数为

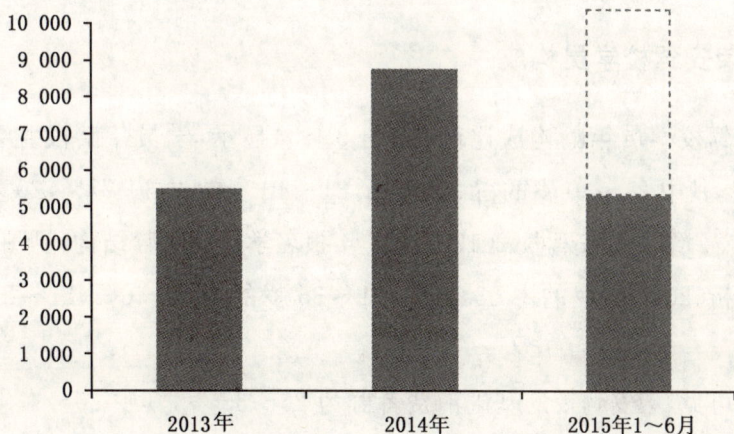

图3—1 荣安驾校2012~2015年入学人数

8 801人,比2013年的5 510人增加了约60%,2015年1~6月入学人数为5 434人,如果与2014年入学人数一半对比,2015年仍有23.5%的增长率。

根据荣安驾校近3年营业收入情况(见图3-2),其年营业收入增速超过100%,净利润增长达385%,利润率保持每年增长120%,成本得到有效控制。

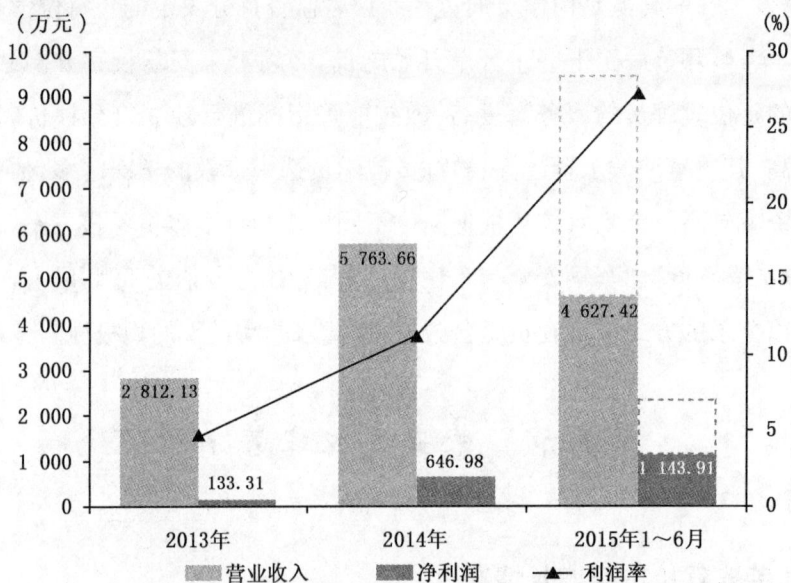

图3-2 荣安驾校2012~2015年营业收入情况

二、荣安驾校学员构成

根据驾校学员年龄构成比例(见图3-3)显示,学员年龄段主要分布在21~40岁,其中21~30岁的占54.81%,31~40岁的占30.77%,20岁以下的占10.58%。结合荣安驾校2012~2015年报名学员的年龄结构(见图3-4)进行细分分析,26~30岁的占33.14%,31~35岁的占25.46%,21~25岁的占18.87%。

由此可见,荣安驾校的基础消费者群为26~35岁,其中26~30岁人群为核心消费者群。

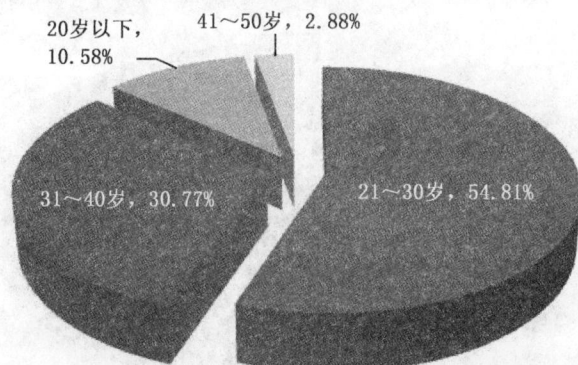

图 3—3 荣安驾校学员年龄构成比例

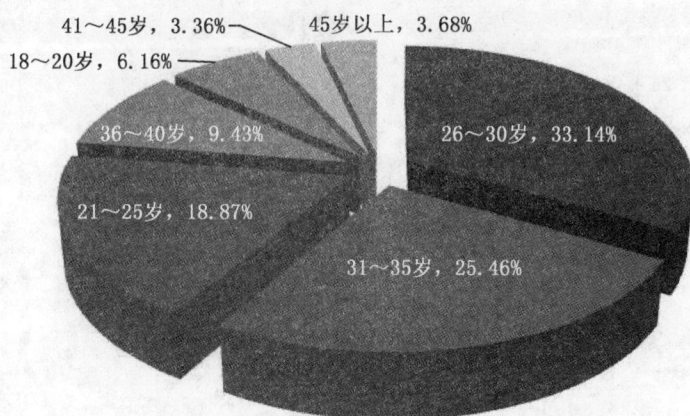

图 3—4 荣安驾校 2012～2015 年报名学员年龄细分构成

根据荣安驾校学员主要地区来源(见图 3—5)显示,61.27％来自莘庄,18.6％来自松江,18.48％来自朱泾,1.65％来自石化地区。而学员的月收入(见图 3—6)主要在 3 001～7 000 元,其中又以 3 001～5 000 元为主。

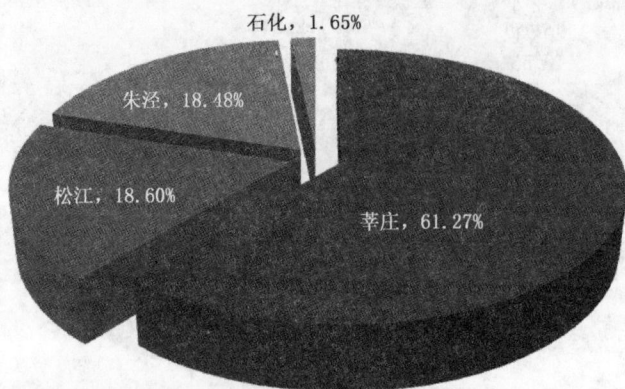

图3－5 荣安驾校学员主要地区来源

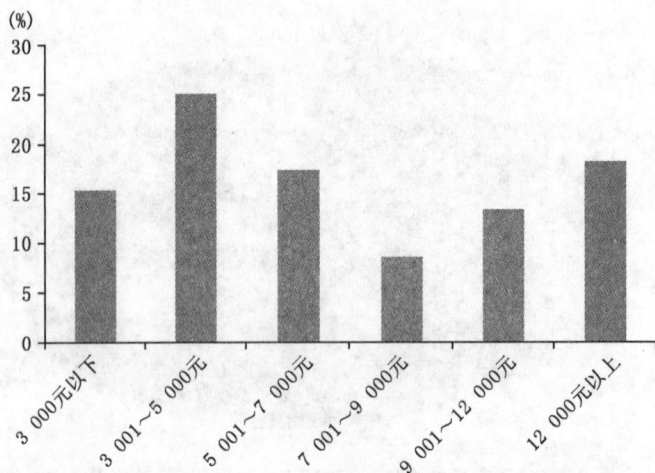

图3－6 荣安驾校学员月收入分布

三、荣安驾校品牌建设情况

荣安驾校目前是全国唯一一家采用卫星差分等多项技术,以信息化系统对学员培训全过程实时、自动记录培训时间多少、行驶里程长短、练习项目次数、训练效果优劣、培训收费高低的"先学后付,计时培训"的驾校。荣安驾校通过公司官网、微信、微博等主要网络渠道宣传公司的"一人一车,自主预约;先学后付,计时培训"的优势,从上海市驾驶培训学员选择驾校时首选驾校占比可见,荣安驾校的宣传初见成效。

从荣安驾校学员使用公司主要网络工具的比例(见图 3－7)显示,这些网络工具达到预期的目的,其中超过 50％的学员都使用公司官网和公司微信。从图 3－8 可见,50％的学员使用这些工具主要用于了解培训信息,46.15％的学员用于预约教练,39.42％的学员用于预约报名,15.4％的学员用于获取优惠信息,10.6％的学员用于了解公司新闻信息,8.65％的学员用于评价教练。

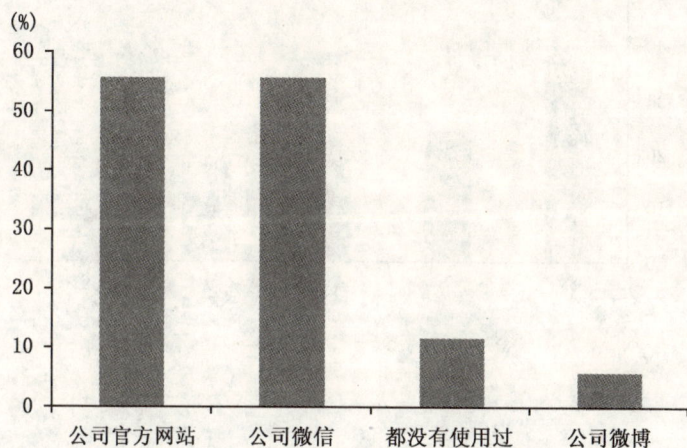

图 3－7　荣安驾校学员使用公司主要网络工具的比例

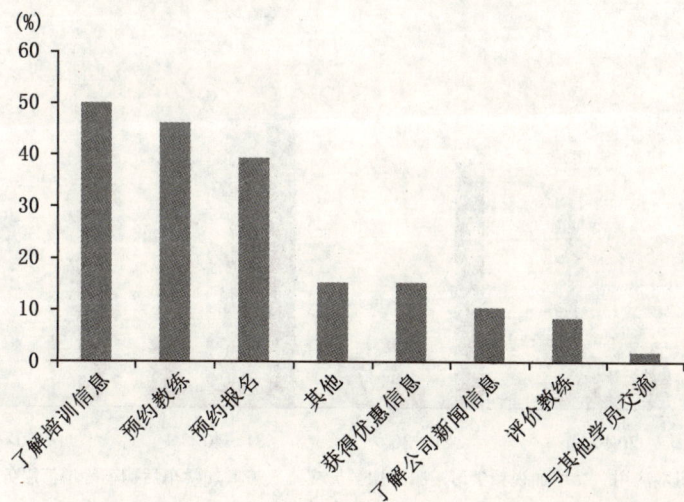

图 3－8　荣安驾校学员使用公司网络工具的主要目的

从荣安驾校学员认为驾校的交流工具应该改进的地方(见图 3—9)可知,其中"增加手机端应用"的选择占了近 41%,同时还有 11.5%左右的学员通过补充回答建议驾校增加手机预约等线上功能的开发应用。从学员对荣安驾校交流工具应改进方向的年龄段分析显示(见图 3—10),21~40 岁年龄段的学员在使用了驾校的官网、微信后,近 50%的人认为驾校应该增加手机端应用。

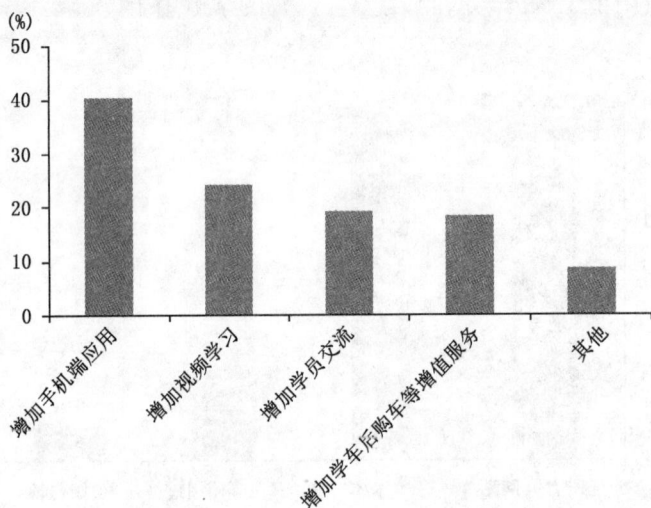

图 3—9 荣安驾校学员认为驾校的网络工具应该改进的地方

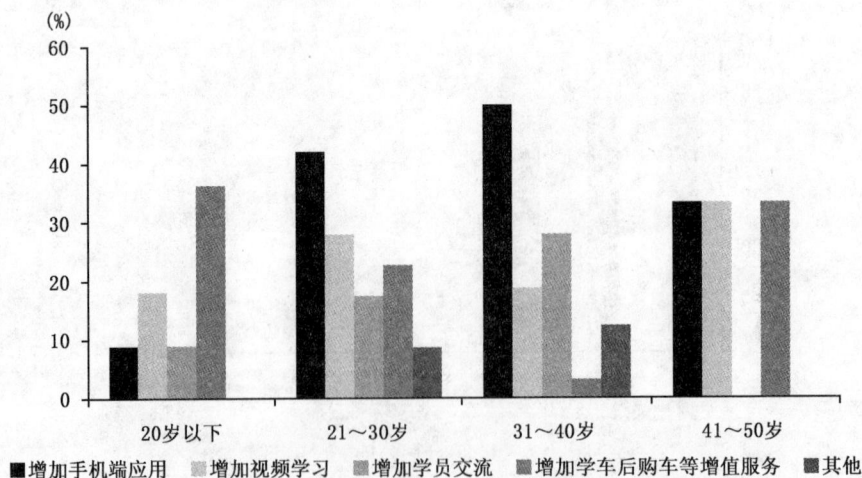

图 3—10 学员对荣安驾校网络工具需改进地方的年龄段分析

第四节　荣安驾校未来规划

一、强化主营业务的创新

在公安部试行学员自主驾培、自主考试的新驾考模式后,公司要在原有的驾培模式的科技和管理基础上,进一步从驾培的各个环节全面创新,拓展荣安模式更为广阔、更为包容、更为市场化、更具现实意义、更具社会责任的外延,以适应新的政策和市场环境。

(一)强化荣安模式在上海本地的品牌效应,拓展全国连锁效应

通过收购兼并、控股参股、品牌输出、受托管理经营等众多模式,进一步将创新的荣安驾培模式输出到全国重点经济发达地区。未来 3 年内,公司拟在上海地区以每年开工建设和投入运营一个新模式驾校、每年完成改造一个旧模式驾校的速度扩大经营规模。

(二)强化驾培教学理论创新

由于市场和政策面的变化,公司如何坚持"诚信创造价值"的经营理念? 如何坚持"荣安模式"的精髓? 如何适应市场的变化? 关键在于基于"大数据发掘"的驾培教学理论模型的创新,研究各类人群科学合理的学时数据、科学客观的教学数据、科学准确的教学评价、科学高效的教学方案等。教学理论的创新探索就在于为企业、行业、社会、政府提供一套可以高效、节约、标准化执行的驾培理论,以培养出有较高安全意识、敬畏交通法、敬畏生命、有较高驾驶技能的合格驾驶员。

(三)强化新型驾校模式的技术实现

以云驾校为终极目标的技术系统的开发,进一步整合现有的物联网、互联网及各类无线技术、仿真技术、计算机数据库技术等,在 2016 年内形成本地若干驾校、外地若干驾校的云驾校管理系统雏形。2017～2020 年,在全国重点区域完成伞形＋倒树状云驾校管理系统的构建。

（四）探索机器人智能驾培的技术实现

公司拟与高校合作研究开发汽车模拟驾驶器、智能机器人教练员,探索无人驾培教练系统的开发。

二、依托大数据发掘延伸多元化商业模式

随着公司主营业务的深度和广度的发展,公司积累的大数据更为丰富。对公司大数据中各种有效信息的建模发掘,有利于公司多元化商业模式的延伸。

未来公司拟在汽车商业保险、汽车金融租赁、汽车 4S 服务方面与外部合作,改变驾培行业中企业单一驾培经营模式的现状,改变驾培行业为一次性消费的服务行业特征,为学员提供汽车消费方面的延伸服务,增加公司的盈利增长点,为公司的各类投资人提供更为丰厚的回报。

三、探索改变驾培行业的经营业态

（一）将公司建设成驾考一体、具有双重效能的企业

公司正在积极申请将荣安股份上海金山朱泾训练场作为上海市的社会考试场,公司在此训练场的投入,无论是场地基础、道路设计、场地设计、训考一体系统设备等都具备了全天候考试场的条件。

（二）将驾培服务延伸到社区的尝试

无论是传统还是新模式驾校,都有几个共同的特点:其一,教练车辆集中;其二,教练场地集中;其三,教练员和学员都必须满足前两个集中,方可开始驾培学习。由于土地资源紧张,因此驾校设置一般都比较偏远,且土地成为优质驾校发展的资源性"瓶颈";而且,驾校为了方便学员要安排诸多线路班车和接送点,学员要舟车劳顿消耗几个小时的在途时间,去完成几个学时的驾培,教练员也只能是就近招工(可能不能充分满足驾校需要的人力资源),因此,这在人力资源和时间方面的浪费都是巨大的。

公司拟在上海城区通过连锁经营、加盟经营的方式,将驾培模拟机布局到社区,将新学员模拟驾驶与老学员温故知新相结合;将驾驶技术学习与体验式

驾驶娱乐相结合;将新交规学习与社会交规咨询相结合,将"敬畏法律、珍惜生命"的社会义务宣传直接传递到社区。

第五节 优化荣安驾校商业模式的必要性分析

从荣安驾校的远景规划来看,公司力图通过强化主营业务的科技深度,扩大主营业务的运营规模,提升云驾校管理的水平,拓展延伸汽车消费服务等多元化商业模式,使公司成为不断创新驾培模式、不断创新应用新技术、对社会有强烈责任心的汽车综合消费运营服务商。

依据上述规划,荣安驾校需要在未来3年内达到年培训学员数逐年递增50%以上,年培训毕业人数逐年递增50%以上,主营业务收入达到近2亿元,保持净利润率25%的经营水平。而荣安驾校要想达成上述目标,就必须要对其商业模式进行优化。

一个商业模式的成功,通常需要有明确的价值主张、消费者目标群体、分销渠道、客户关系、价值配置、核心能力、合作伙伴网络、成本结构、收入模型等关键因素的支持。面对市场环境的变化,尤其是在以碎片化、无边界、扁平化、互动性为主要特征的全媒体时代,消费者行为发生了翻天覆地的变化,简单地增加客户的数量已不再是最优先的目标,管理客户将成为最重要的战略核心,所以荣安驾校商业模式的优化必须以此为重点。

荣安驾校商业模式优化的这一切入点,需要我们从营销的视角来审视,需要荣安驾校对现有的客户群及潜在市场进行有效的细分,选择核心目标市场,通过客户导向的产品及渠道策略,建立持续性竞争优势。

第四章 相关市场调研

第一节 项目小组讨论

项目小组成员先后召开 4 次项目专题研讨会议。首先召开项目启动会议,就项目目标、内容和方法达成共识,并明确所需的信息需求范围和获得办法,项目组成员的任务分工、要求和时间进程。随着项目的推进,陆续集中三次进行专题研究,包括前期访谈的提纲、调研问卷的准备和修改、协调调研进程、确定调研对象、相关信息的补充收集、建议方案的讨论、报告内容的讨论等。

表 4—1 项目推进时间表

时 间	工作内容	完成情况
2015/8/2	第一次项目小组讨论	(1)确定调研时间 (2)形成第一次企业调研提纲
2015/8/8	荣安驾校朱泾校区调研	(1)校区参观、实地体验教学流程 (2)驾校管理层访谈(陶总经理、顾玉华经理)
2015/8/20	第二次项目小组讨论	(1)结合调研情况以及荣安驾校第一次提供的材料,形成第二次调研提纲 (2)形成目标消费人群调研问卷
2015/8/22	荣安驾校松江大学城体验店实地调研以及周边驾校门店探访	形成体验店调研报告
2015/8/28	荣安驾校学员调研问卷下发	9/8 回收 104 份问卷
2015/9/3	驾校潜在消费者调研问卷下发	9/18 回收 226 份问卷

时　间	工作内容	完成情况
2015/9/26	第三次项目小组讨论	结合调研材料、前期数据分析讨论营销方案,形成报告提纲
2015/10/17	第四次项目小组讨论:荣安驾校营销方案建议沟通	

第二节　问卷调研

一、问题确定

首先是确定调研的必要性。当听了荣安驾校的相关介绍后,项目组成员一致心存疑虑,是否真的有这么好? 学员是否真的是冲着这个优势来荣安驾校的? 学员认为荣安驾校有需要改进的地方吗? 市场上对荣安驾校的模式认可度如何? 因此,项目组在走访驾校后决定进行问卷调研。

其次是确定调研的对象。为了更好地对比分析,除了荣安驾校的现有学员,还需要对社会潜在学员进行调研。那么哪些人是驾校的潜在学员呢? 我们认为只有那些没有驾照的但又计划学车的人群才是驾校的潜在学员。

二、问卷设计

问卷一主要针对荣安驾校现有学员,内容主要从 4 个维度收集信息:一是学员的基本信息;二是学员获取驾校信息的渠道;三是学员对目前驾校的各类信息渠道、界面的评价;四是学员对驾校培训服务的评价及期望。

问卷二主要针对上海市广大没有驾照且计划学车的人群,内容主要从 6 个维度收集信息:一是被调查者的基本信息;二是被调查者获取驾校信息的渠道;三是被调查者选择驾校的原因;四是被调查者对驾校门店的看法;五是被调查者对驾校收费情况的看法;六是对驾校服务的期望。

整个问卷设计过程包括指导老师、项目成员和驾校相关人员都参与其中,虽然白天大家工作繁忙,但通过微信和电话,都充分表达了各自的意见。

三、问卷校验

在问卷的设计过程中,为保证调查问卷内容和结构的合理性,采用专家评论的方法对问卷内容进行效度检验,专家包括项目指导教授、学校案例中心老师、相关课程教授、荣安驾校管理人员等,根据他们的建议对问卷进行适当的修改,然后反复请他们对问卷进行审核和效度检测,最终确定问卷。

四、问卷发放与回收

问卷一通过荣安驾校发放给学员。问卷一共发放 104 份问卷,实际回收 104 份,有效问卷 104 份,问卷回收率 100％,有效率 100％。

问卷二主要通过网络和微信朋友圈推送发放,发放范围包括问卷星网站推送指定人群,上海财经大学 2013、2014 和 2015 级 MBA 在读学生,以及上海高校 MBA 联盟学校学生和相关企业职员等,见图 4—1 和图 4—2。问卷二共发放问卷 226 份,实际回收 226 份,有效问卷 97 份,问卷回收率 100％,有效率 43％。

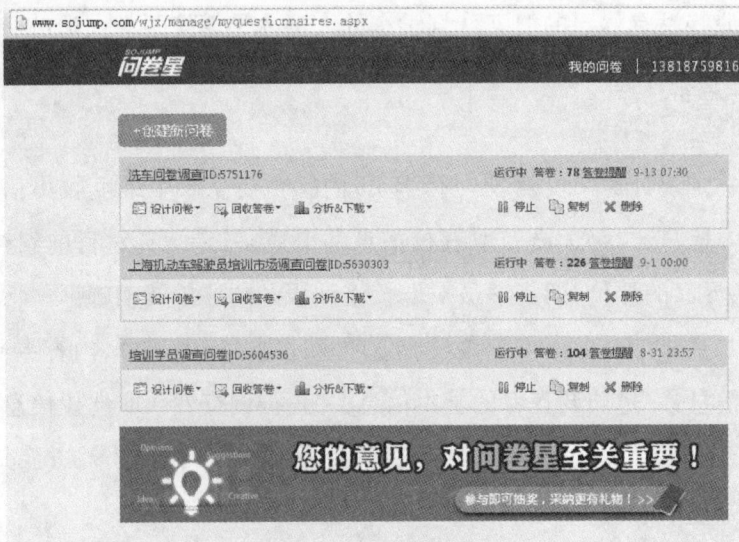

图 4—1　问卷网络发放渠道截屏

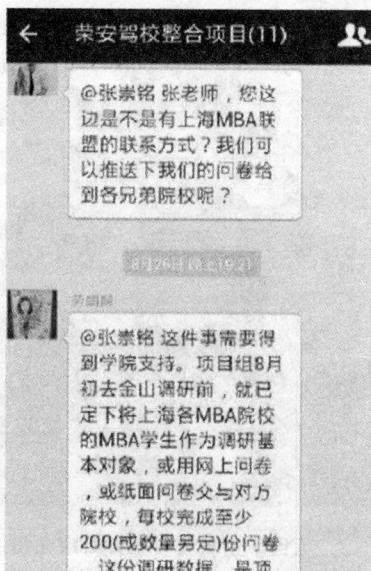

图 4-2　问卷发放上海 MBA 联盟微信沟通截屏

第三节　实地调研

一、荣安驾校调研与访谈

在项目全程,项目小组还与驾校相关部门相关人员就项目发现和初步方案进行定期沟通(见图 4-3),主要采用面对面访谈和电话访谈的方法,以及时获取反馈,推动达成共识。

项目小组还走访荣安驾校朱泾校区和驾校门店,实地观察,体验报名、登记、预约、选教练、驾驶练习、缴费等学车流程(见图 4-4),了解门店报名流程,以及在此过程中存在的难点,并通过随机采访的方式进一步收集客户需求。

通过访谈了解到上海现有 203 所驾校,教练车辆 1.85 万台,从业人员近 3 万人,由于政策限制,年培训量约 35 万人次,而实际培训能力可达约 80 万人次,2014 年荣安驾校毕业人数在 8 800 人左右。面对如此大的市场,但受限于紧

图 4—3　项目小组与荣安驾校管理人员座谈

图 4—4　荣安驾校教学流程体验

张的土地资源,随着驾培新政的实施,驾培行业的市场化,驾培企业如何将驾培服务通过科技创新的技术手段、经营业态的改变,提供到社区、提供到学员就近的地方,方便学员的驾培学习,是目前荣安驾校面临的难题之一。

二、荣安驾校门店调研

体验店的位置在文汇路 955 号,坐落在文汇新天地的 1 楼,周围有为学生服务的各种商业形态,其中大部分为餐饮,见图 4-5。对面的商业街内有一家小昆山驾校直招点。周围有 4 所大学,分别是上海立信会计金融学院(1 万人)、华东政法大学松江校区(1 万人)、上海对外经贸大学(1.2 万人)、上海视觉艺术学院(0.4 万人)。加上周围的居民,合计辐射约为 4 万人的市场,其中学生又占了 90% 以上的份额。

图 4-5　荣安驾校门店地理位置外景

由于 8 月份为学校假期,所以即使是周六,体验店周围的商区仍没有人气。通过了解,体验店目前采用的促销方式依旧比较传统,一种是发放扇子作为促销品,一种是在学生的快递上贴公司的宣传标识。同时公司有一个电子门头,不过上面没有具体的促销信息,只有招生电话等信息。当天店里也没有模拟机,据说模拟机坏了,拿回去修理了。荣安驾校门店内景见图 4-6。

体验店在大学城的宣传刚起步,宣传材料比较简单,没有聘用学生作为促销员,见图 4-7。

这些都导致荣安驾校门店不能充分吸引客户,没有体现门店的效能转换。

图 4—6　荣安驾校门店内景

图 4—7　荣安驾校在松江大学城的宣传栏

三、其他驾校门店调研

利用周末时间项目组还实地探访了其他驾校的门店,包括浦东的通略驾校、虹口的军体驾校,因为这些门店都位于居民较集中的社区,其中较多的是电话咨询后到门店报名的学员,还有一些是来到门店等待教练车接送的,还有一些是直接到门店咨询学车价格和学车流程的。

第四节　竞争对比分析

一、荣安驾校消费者需求特征分析

荣安驾校在市场营销环境和自身营销能力分析的基础上,进行市场细分和目标市场的选择,这是决定营销成果的关键。市场细分是在 20 世纪 50 年代由美国市场学家文德尔·史密斯提出来的,是指"根据使用者之间需求的差异性,把一个市场划分为若干个使用者群体,进而确定目标市场的过程"。[①] 对驾校的目标用户进行分类的好处在于:一是有利于深度开发驾校的基利市场;二是有利于发现最好的市场机会,形成新的市场竞争力;三是使得广告宣传更具效果,获取最大的市场回报。

根据驾校学员调研结果显示,学员年龄段主要分布在 21～40 岁,其中 21～30 岁的占 54.81%,31～40 岁的占 30.77%,20 岁以下的占 10.58%。根据对潜在学员调研结果显示,学员的年龄段也主要分布在 21～40 岁,其中 31～40 岁的占 42.55%,21～30 岁的占 41.49%,20 岁以下的占 7.45%。结合荣安驾校对近几年报名学员的年龄结构细分分析,26～30 岁的占 33.14%,31～35 岁的占 25.46%,21～25 岁的占 18.87%。因此,我们认为荣安驾校的基础消费人群为 26～35 岁人群,其中 26～30 岁人群为核心消费人群。

既然我们确定驾校的核心消费人群为 26～30 岁的中青年人群,这也是我

① 朱春阳. 传媒营销管理[M]. 广州:南方日报出版社,2004:114.

们俗称的"80 后"、"90 后",他们是追求享乐的一代,比以前的人群更看重品牌,同时还精通科技,也是最依赖网络与科技社交的一代。他们喜欢网络购物,利用社会媒体来获取产品信息,会发布一些产品评论,同时在购物的时候也会借鉴产品评论。在网络消费正日益取代许多传统的消费方式的时代,移动互联网正在改变人们的信息/服务获取习惯,他们的很多行为已经更多地在移动端而不是在 PC 端进行。根据央视市场研究《2015 年社交媒体影响报告》显示,社交媒体用户规模快速增长,微信成为各代际人群社交的第一应用,"90 后"倾向于网络视频,"80 后"倾向于网络购物,"70 后"新闻浏览行为突出。我们将核心消费人群分为三类:

第一类是效率人群。这类人群主要在 31～35 岁,他们追求快节奏、高效的工作和生活体验,追求完善与质量。他们不愿意浪费时间,对于能帮助提供效率的新产品,非常愿意采用。针对这类人群的解决方案就是"个人效率"。

第二类是社交人群。这类人群在 35 岁以下,他们追求与朋友交往,重视周围人的评价,追求轻松、愉快的体验。他们为了随时保持与朋友们的联系,认为多花一些钱是值得的。针对这类人群的解决方案就是"质量"。

第三类是高科技人群。这类人群在 21～30 岁,他们追求创新、求异,科技意识强,凡是高科技产品总能引起很高的兴趣。他们对新产品和服务接受意识强。针对这类人群的解决方案就是"新颖"。

荣安驾校应针对这三类人群提供差异化的营销策略。

二、荣安驾校营销渠道分析

荣安驾校的营销渠道总结起来主要有三个方面:一是多平台协同服务。荣安驾校同时通过官网、微信、微博开展营销,开通报名、预约功能,基本涵盖了目前消费者首选的主流渠道,让学员感受到随时随地的服务。二是新兴渠道和传统渠道并进。荣安驾校既发展网络搜索营销,注重教练员素质提升,发展口碑宣传,同时又与传统代理渠道结合,推广驾校。三是合作共赢。荣安驾校通过与松江当地政府、主流媒体、高等院校合作进行推广。

驾校学员到驾校报名参加培训了解驾校信息的途径(见图 4—8),主要通过朋友推荐了解后报名,有 50% 的学员采取这种方式,其次就是网上查询驾校信息后再去报名,学员比例达 24%。可见,口碑传播和网络宣传两个途径在已报名学员中比较重要。

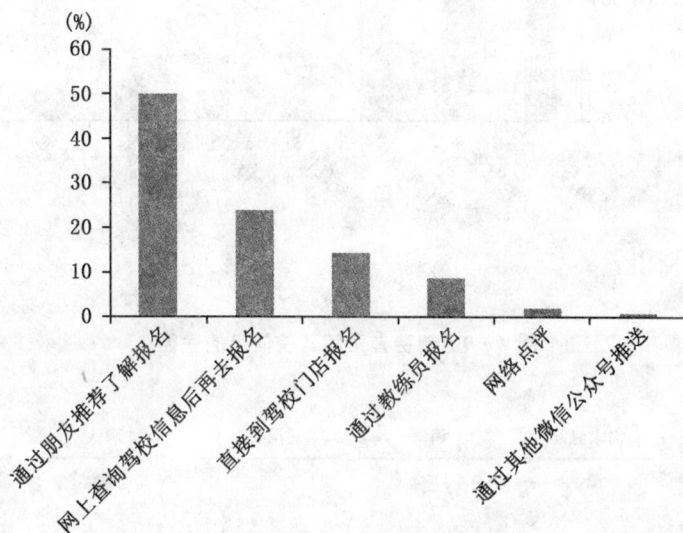

图 4—8 驾校学员到驾校报名参加培训了解驾校信息的途径

消费者了解驾校信息的途径(见图 4—9),也主要通过朋友介绍和网上查询两种途径,比例分别是 66% 和 33.3%。

从消费者线上渠道和传统渠道行为方式路径图(见图 4—10)可以看出,在扁平化的全媒体时代,消费者除了通过传统渠道直接获得公司信息外,还会通过其他线上渠道了解相关情况,然后才决定是否进一步咨询公司客服人员,最后才做选择决定。由此可以看出,消费者将更多转向线上渠道,对于便捷渠道的追求使传统渠道相对弱化,线上渠道将同时成为重要的购买渠道与服务界面。

而 BCG 咨询公司在对全球金融消费者进行研究后发现,原创内容已经成为金融产品和公司信息的重要渠道之一。比如,中国 7% 的消费者、欧盟 60% 的消费者会在社交平台上发表对金融公司的建议;中国 6% 的消费者、欧盟

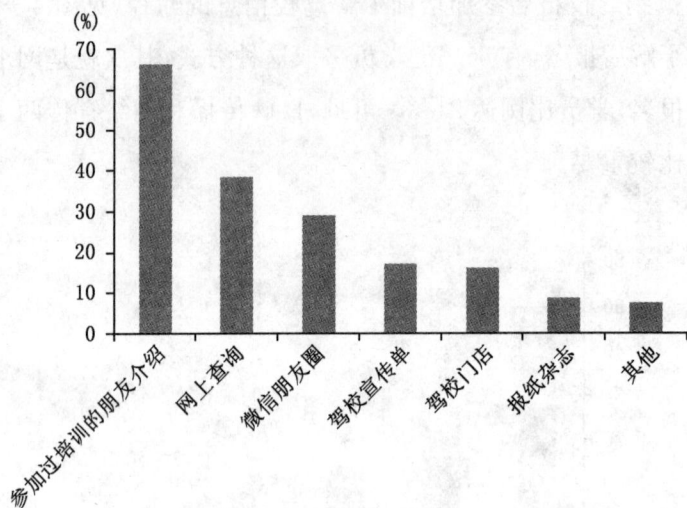

图4—9　消费者了解驾校信息的途径

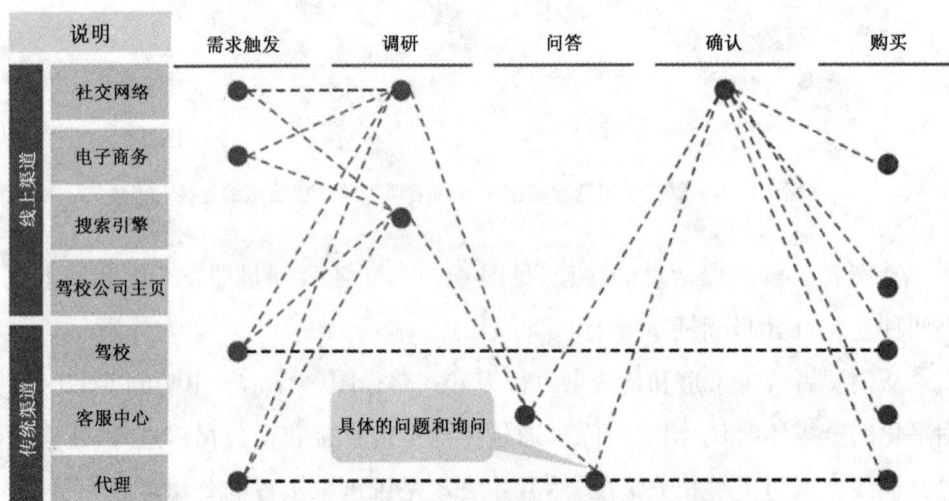

图4—10　消费者线上渠道和传统渠道行为方式路径

52％的消费者会通过客户评论了解和评估相关金融机构；中国15％的消费者、欧盟52％的消费者会在网上分享对金融公司服务的不满。因此互联网的发展极大地提升了信息的透明度，消费者自主获取信息的能力提升了，也更注重与企业之间的双向互动。

因此,荣安驾校应根据消费者行为方式特点发展线上渠道以支持销售的发展。

三、渠道价值贡献分析

根据荣安驾校2012～2015年7月底各渠道招生情况(见表4—2),其中"营销部"招生即400热线及网服渠道(搜索引擎、微信等)占比最大,近3年的平均比例均在80%以上,最高达到85%。

表4—2　　　　　荣安驾校2012～2015年7月底各渠道招生情况　　　　单位:人

来　源	2013年	2014年(新增金山校区)	2015年(截至7月份)	平均比例(%)
营销部	4 248	7 437	5 107	80.88
教练	888	885	776	12.83
员工	80	192	111	1.80
中介	59	0	66	0.71
其他	235	318	219	3.78
合　计	5 510	8 832	6 279	

根据荣安驾校2010～2014年广告投入情况(见表4—3),荣安驾校近5年大部分广告投入在网络方面,且移动端的投入显著增加。

表4—3　　　　　荣安驾校2010～2014年广告投入情况　　　　单位:元

		2010年	2011年	2012年	2013年	2014年
平面	报纸杂志	无	无	无	无	无
	户外	无	无	无	无	无
电视		无	无	无	无	无
电台		无	无	无	无	无
网络	计算机	203 707.18	395 407.29	300 002.60	1 768.56	136 359.42
	移动设备	0	0	7 255.61	313.00	99 900.76
	合　计	203 707.18	395 407.29	307 258.21	2 081.56	236 260.18

根据荣安驾校2015年1～7月百度搜索引擎投放情况(见表4—4),荣安驾校2015年共投入22万元,获得1.95%的点击率,2015年上半年学员70%的比

例来自百度搜索,共4 395人,也就是百度点击的转换率为10.95％。按照百度消费支出和获得的学员人数,可以得出从百度搜索获得一个消费者的成本为50元左右,相对于线下渠道,有明显的成本优势。

表4—4　　　　　　　荣安驾校 2015 年 1～7 月百度搜索引擎投放情况

时　间	展现量	点击量	消费(元)	点击率(%)	平均点击价格(元)
2015 年 1 月	210 990	4 126	21 778.69	1.96	5.28
2015 年 2 月	213 784	4 524	17 394.29	2.12	3.84
2015 年 3 月	411 313	7 375	34 782.1	1.79	4.72
2015 年 4 月	407 242	7 243	38 061.7	1.78	5.25
2015 年 5 月	328 806	6 244	35 168.74	1.90	5.63
2015 年 6 月	270 607	5 244	37 061.72	1.94	7.07
2015 年 7 月	217 992	5 361	35 771.87	2.46	6.67
合　计	2 060 734	40 117	220 019.11	1.95	5.48

在微信投入方面,荣安驾校微信的主要模块为简介、优惠活动、在线报名、价格、流程、免费班车等,目前关注人数为7 600人。根据荣安驾校 2015 年 6～7 月微信优惠券投放情况(见表 4—5),可看到微信优惠活动转换率只有 22.6％ 和 24.7％。同时,从数据中还可以看到,6 月份 200 元的优惠活动有1 409人浏览,7月份300 元的优惠活动却只有 864 人浏览,很明显,在 6 月份消耗一部分存量关注者后,并未增加新的关注者,导致在优惠力度更大的情况下浏览人数却更少。这首先体现了微信推广的力度不够,持续增加关注人数是进行微信营销转化的基础;其次,客户群对 100 元的价格敏感度并不高,因为微信优惠活动在比 6 月份增加 50％ 的优惠的基础上其转换率却只增加了 2％。

表4—5　　　　　　荣安驾校 2015 年 6～7 月微信优惠券投放情况

日　期	浏览次数	浏览人数	领取量	使用量	转换率(%)
6 月(200 元)	1 995	1 409	850	319	22.6
7 月(300 元)	1 097	864	598	213	24.7
合计(元)			349 400	127 700	

四、网络搜索引擎渠道分析

网络搜索引擎发展方面,当我们在百度搜索中输入"荣安驾校"时,第五条是荣安驾校官网,紧跟着的是对荣安驾校的一些不良点评。而在搜索页右侧,出现的是安亭、通略、翔茂等竞争对手的信息(见图 4—11)。

图 4—11

当我们输入"安亭驾校"时(见图 4—12),出现的是经过精心规划的品牌专区,有公司官网信息、报名信息等,把百度搜索变成了自己的品牌首页。同样,我们输入"通略驾校"(见图 4—13),结果与安亭驾校一样。通略驾校直接把电话放在了首页。

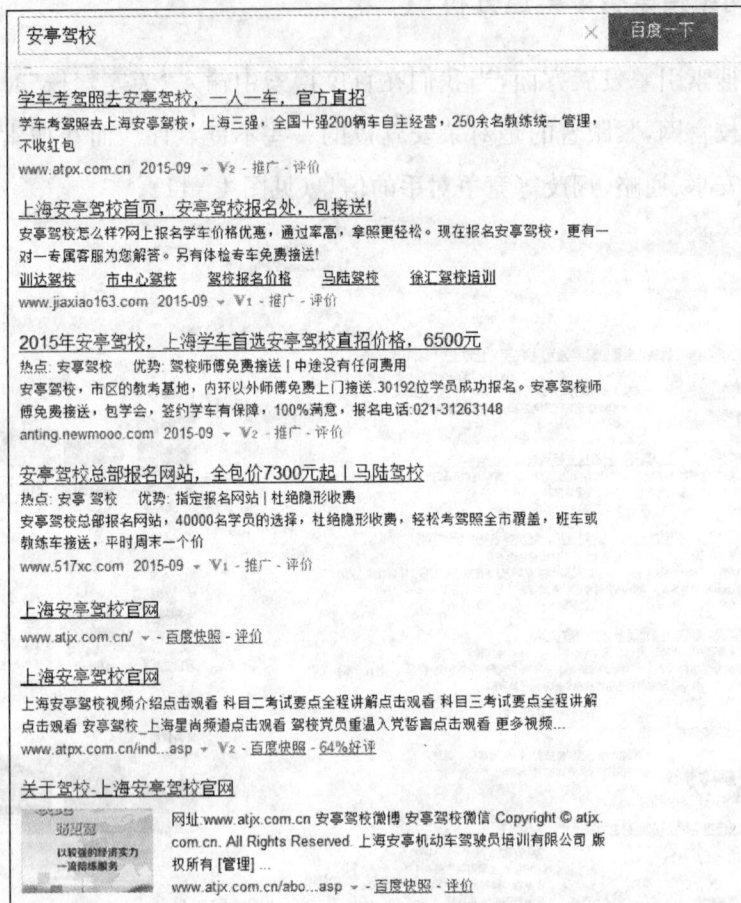

图 4—12　百度搜索截屏二

当我们在百度中搜索"驾校报名"时(见图 4—14),首页首条为"驾校报名,安亭驾校欢迎您,上海三强……"。接着是通略驾校。如果输入"上海驾校哪家好"(见图 4—15),首条是众悦网,接着是通略驾校,第三条是安亭驾校。而类似这样的搜索,是网络用户尤其是网购用户常见的搜索方式。

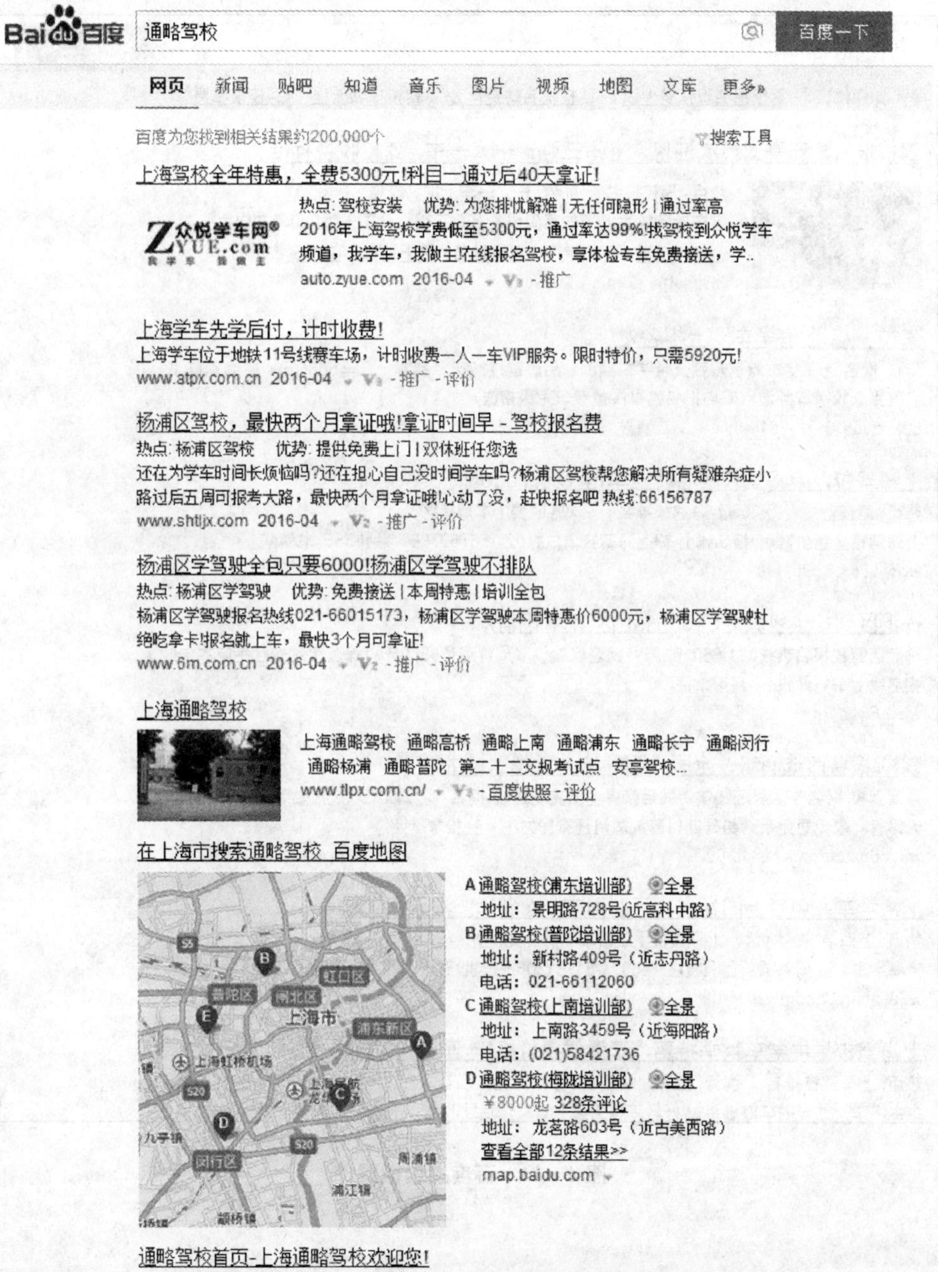

Baidu百度　通略驾校　　　　　　　　　　　　　　　　　百度一下

网页　新闻　贴吧　知道　音乐　图片　视频　地图　文库　更多»

百度为您找到相关结果约200,000个　　　　　　　　　　　　▽搜索工具

上海驾校全年特惠，全费5300元!科目一通过后40天拿证!
热点: 驾校安装　优势: 为您排忧解难 | 无任何隐形 | 通过率高
2016年上海驾校学费低至5300元，通过率达99%!找驾校到众悦学车
频道，我学车，我做主!在线报名驾校，享体检专车免费接送，学..
auto.zyue.com 2016-04　▼　V₃ - 推广

上海学车先学后付，计时收费!
上海学车位于地铁11号线赛车场，计时收费一人一车VIP服务。限时特价，只需5920元!
www.atpx.com.cn 2016-04　▼　V₃ - 推广 - 评价

杨浦区驾校，最快两个月拿证哦!拿证时间早 - 驾校报名费
热点: 杨浦区驾校　优势: 提供免费上门 | 双休班任您选
还在为学车时间长烦恼吗?还在担心自己没时间学车吗?杨浦区驾校帮您解决所有疑难杂症小
路过后五周可报考大路，最快两个月拿证哦!心动了没，赶快报名吧 热线:66156787
www.shtljx.com 2016-04　▼　V₃ - 推广 - 评价

杨浦区学驾驶全包只要6000!杨浦区学驾驶不排队
热点: 杨浦区学驾驶　优势: 免费接送 | 本周特惠 | 培训全包
杨浦区学驾驶报名热线021-66015173，杨浦区学驾驶本周特惠价6000元，杨浦区学驾驶杜
绝吃拿卡报名就上车，最快3个月可拿证!
www.6m.com.cn 2016-04　▼　V₃ - 推广 - 评价

上海通略驾校
上海通略驾校　通略高桥　通略上南　通略浦东　通略长宁　通略闵行
通略杨浦　通略普陀　第二十二交规考试点　安亭驾校...
www.tlpx.com.cn/　▼　V₃ - 百度快照 - 评价

在上海市搜索通略驾校　百度地图

A 通略驾校(浦东培训部)　◉全景
地址: 景明路728号(近高科中路)
B 通略驾校(普陀培训部)　◉全景
地址: 新村路409号（近志丹路）
电话: 021-66112060
C 通略驾校(上南培训部)　◉全景
地址: 上南路3459号（近海阳路）
电话: (021)58421736
D 通略驾校(梅陇培训部)　◉全景
￥8000起　328条评论
地址: 龙茗路603号（近古美西路）
查看全部12条结果>>
map.baidu.com　▼

通略驾校首页-上海通略驾校欢迎您!

图 4—13　百度搜索截屏三

驾校 报名 　　　　　　　　　　　　　　　　　　　　　　　✕ 　百度一下

🤖 为您推荐：　驾校报名现在多少钱　驾校报名需要什么　驾校报名流程　驾校报名费

驾校报名，安亭驾校欢迎您，上海三强，一人一车 - 驾校收费标准

热点: 驾校报名　　优势: 一人一车 | 报名流程
学车考驾照去上海安亭驾校，上海三强，全国十强200辆车自主...
驾校报名费 - 驾校学费 - 驾校排名 - 关于驾校 - 在线报名
www.atpx.com.cn 2015-09 ▼ V2 - 推广

驾校 报名 上海学车网上报名处!

驾校 报名 上海学车考驾照到众悦学车频道，品牌驾校35天拿驾照，低至6085元。咨询驾校 报
名就到众悦学车频道，成功报名就享体检专车免费接送。
auto.zyue.com 2015-09 ▼ V2 - 推广 - 评价

上海驾校，上海驾校报名就上车!全包价7000!

热点: 驾校上海　　优势: 上海驾校排名 | 一次性收费 | 本周特惠
上海驾校全包价7000!报名就上车!上海驾校请拨打021-56762706，最快35天拿驾照
www.56p.cn 2015-09 ▼ V1 - 推广 - 评价

徐汇区驾校全包只要6500!徐汇区驾校不排队

徐汇区驾校报名热线021-66015173，徐汇区驾校本周特惠价6500元，徐汇区驾校杜绝吃拿卡!
报名就上车，最快3个月可拿证!
www.6m.com.cn 2015-09 ▼ V1 - 推广 - 评价

驾校 报名首选通略，全国十强，沪上老牌驾校 报名

通略驾校 报名专注驾培15年，先后获得全国文明驾校 报名，上海3A驾校 报名荣誉称号!现携十
大银行，享免息免手续费分期付款。每月还款压力小，轻松拿驾照!
www.tlpx.com.cn 2015-09 ▼ V1 - 推广 - 评价

上海学车，免费上门接送，平时周末一个价 - 上海五汽驾校

热点: 上海 学车　　优势: 上门接送 | 合格率高 | 一次收费
上海学车，一周考试，上门接送.Tel:021-61551305.一次收费，价格合理，合格率高。灵...
www.shhmjx.com 2015-09 ▼ 👤 - 推广 - 评价

上海驾校牛牛学车秋季特惠，享受优惠价格! - 驾校哪家好

热点: 上海驾校排名　　优势: 上海驾校排名 | 学车首选
牛牛学车,上海学车首选平台!好教练覆盖全上海，无后续收费，遭遇吃拿卡要先行赔付!...

图 4—14　百度搜索截屏四

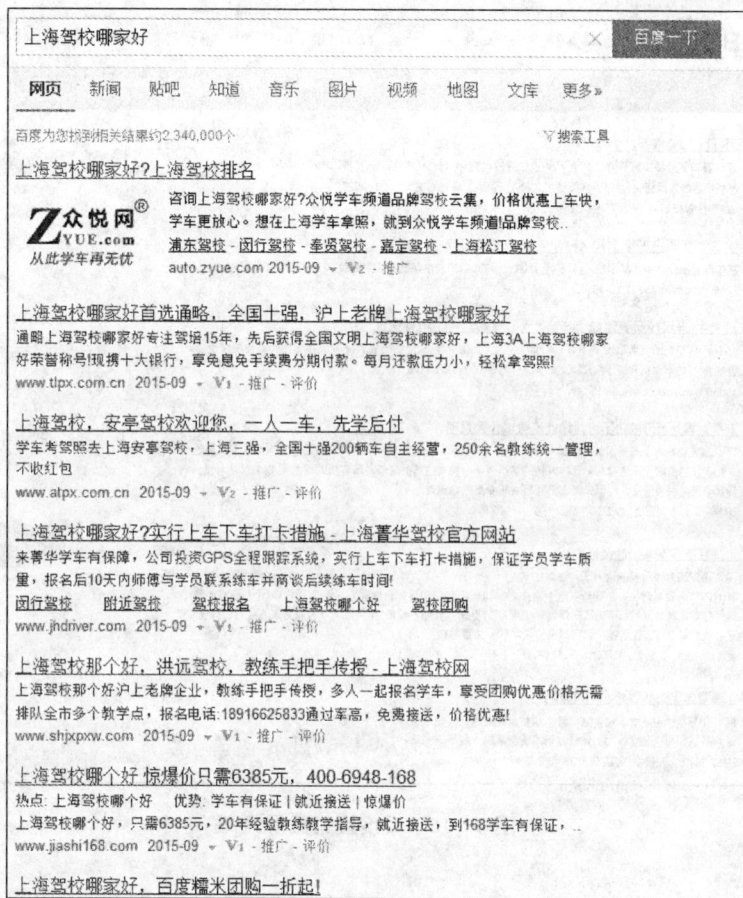

图 4—15　百度搜索截屏五

　　新经济时代,知识营销日益成为品牌推广的重要手段。当竞争对手已经充分利用知识营销的力量,更好地搭建起公司与目标消费者及潜在消费者的沟通平台,帮助公司进行消费者教育,并给更多品牌曝光时,荣安在这一领域还有待改善。当我们在"百度知道"中搜索对"安亭驾校"的解释时(见图 4—16),第二条即为安亭驾校的官网解释,第三条为安亭驾校的宣传新闻……几乎首页全是安亭驾校的信息。

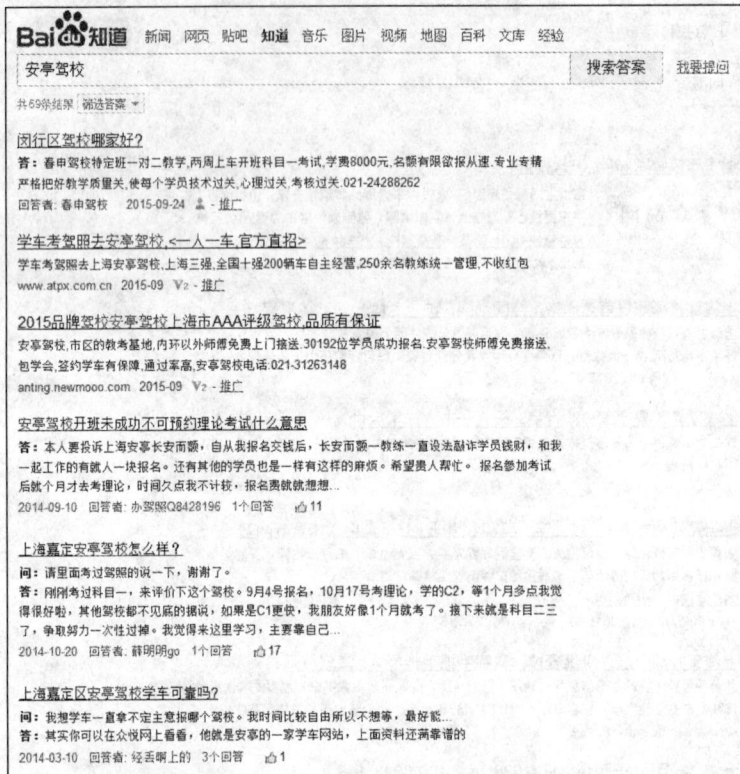

图 4—16　百度搜索截屏六

五、驾校门店渠道分析

目前建成的松江大学城体验店,前期投入的装修费用、房租费用等,约为30 万元,目前运营 3 个月,招生数为 47 人,约占驾校整体招生数量的 3.64%。可见荣安驾校目前的门店对招生的支持力度还不是很大。

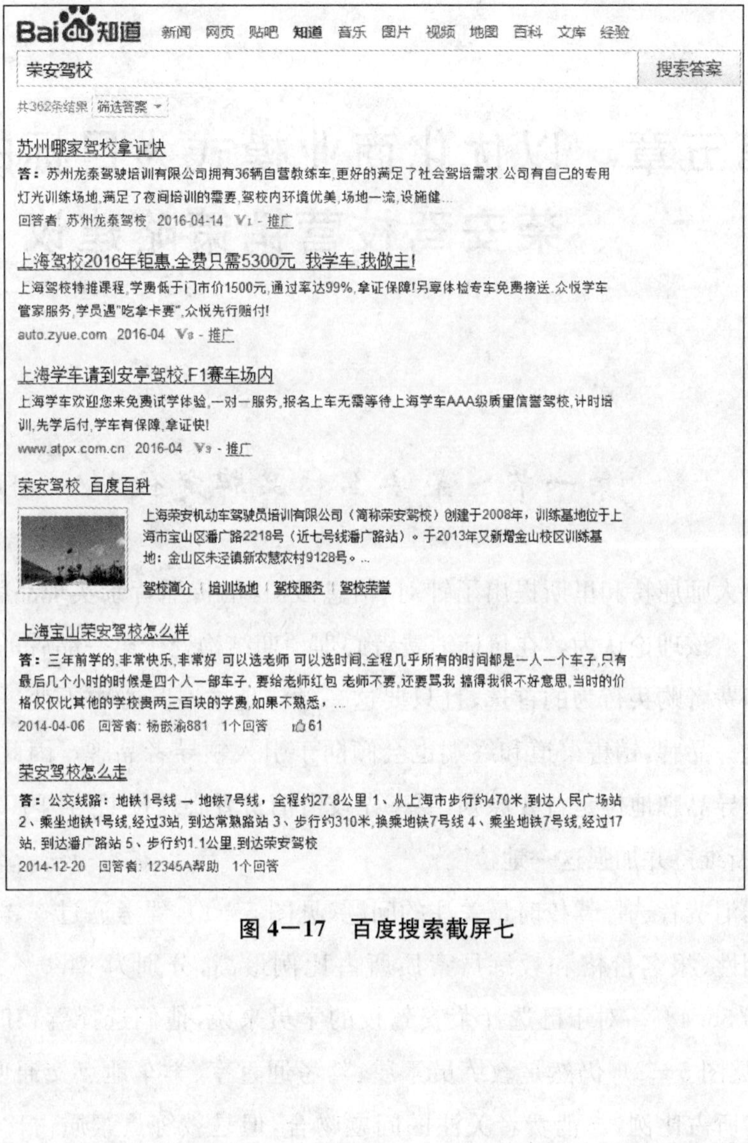

图 4—17　百度搜索截屏七

第五章 以优化商业模式为目标的 荣安驾校营销策略建议

第一节 荣安驾校品牌定位

定位大师屈特和里斯提出了针对"信息漫溢"的传播背景实现品牌形象的定位理论。该理论认为,"在目标消费者心理预期结构处于第一品牌的产品,往往会是消费者购买行为的首选,且只要这一领导地位在其心中不变,他们将一直使用这一品牌,销售渠道和终端也会倾向于引入领导者品牌。因此,树立目标市场领导品牌地位是首要原则,要率先攻占消费者心理预期结构中第一的位置,且不断维持并加强这一地位"。[①]

根据消费者选择驾校时最关注的问题(见图5-1),驾考通过率、学车地点交通便利性、报名价格和教练员素质所占比例最高,分别为64.9%、62.8%、58.5%和56.4%。对于已选择荣安驾校的学员来说,他们选择驾校时最关注的问题(见图5-2),仍然是教练员素质、驾考通过率、学车地点交通便利性和报名价格所占比例,与消费者关注的问题吻合,但是教练员素质占比最高,达56.7%,其他三个分别是40.4%、32.7%和21.2%。

而在询问荣安驾校学员是否会推荐荣安驾校时,近95%的学员回答"是"。在填写推荐驾校的理由时,排名前五的关键字为"教练"、"服务"、"时间"、"素质"、"模式"(见图5-3)。说明在学员看来,他们对荣安的教练员素质以及荣

---

① 弗雷德•R.戴维. 战略管理[M]. 北京:中国人民大学出版社,2012:138.

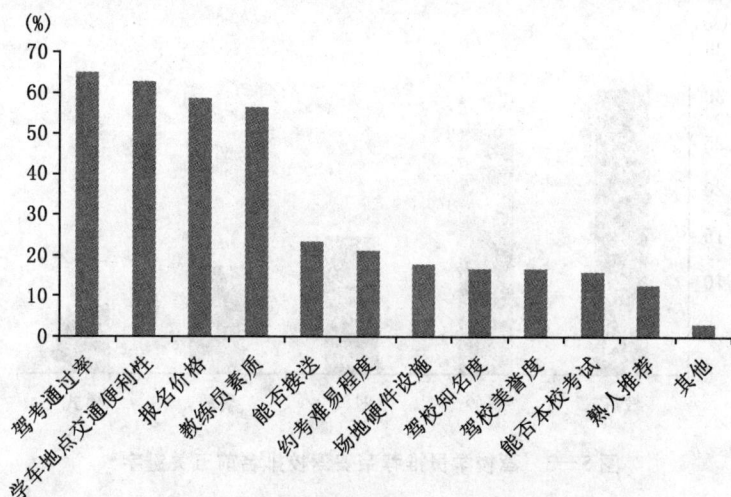

图 5—1 消费者选择驾校时最关注的问题

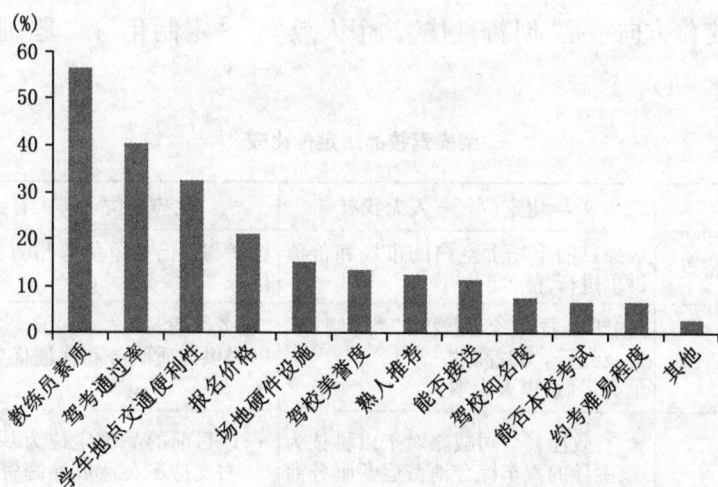

图 5—2 驾校学员选择驾校时最关注的问题

安的整体服务质量是认可的,同时"一人一车、自主预约"的模式也大大节约了学员的时间,这些都是荣安的竞争优势。

根据以上客群的特点,并结合荣安驾校提出的发展目标"力图通过强化主营业务的科技深度,扩大主营业务的运营规模,提升云驾校管理的水平,拓展延

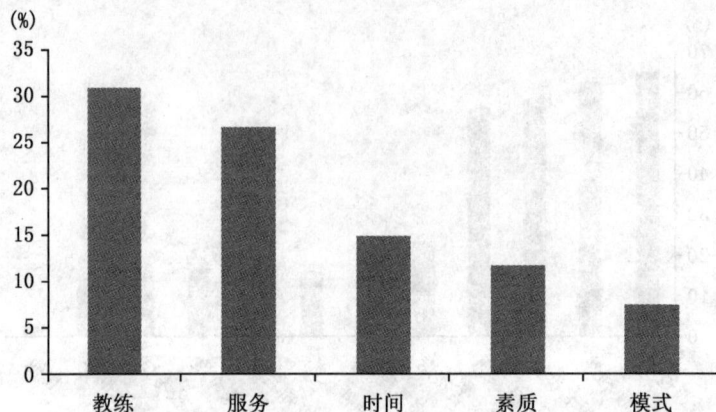

图 5—3　驾校学员推荐荣安驾校排名前五关键字

伸汽车消费服务等多元化商业模式,使公司成为不断创新驾培模式、不断创新应用新技术、对社会有强烈责任心的汽车综合消费运营服务商",我们提出荣安驾校品牌定位方向一是"创新科技"、"个人效率"、"定制化";二是"服务"、"质量"(见表 5—1)。

表 5—1　　　　　　　　　荣安驾校品牌定位比较

	差异化定位——人无我有	优势定位——人有我优
品牌定位特点	选择目前市场上空白的市场和价值诉求进行品牌定位	选择与自己竞争优势相吻合的品牌定位
品牌定位方向	"创新科技""个人效率""定制化"科技先行,实时高效 量身定做,以人为本	"服务""质量" 以提供优质服务和保证优势质量为根本
优点	· 有效诠释公司战略对于以科技为主导的汽车综合消费运营服务商的战略定位 · 资源投入容易为消费者迅速感知和接受,品牌投资见效快	· 以目前的品牌定位为基础,内部能力支持不会造成品牌资产流失,品牌迁移较容易 · 能够满足最广大消费者的基本需求
缺点	· 对企业创新能力要求很高 · 对企业信息化要求高	· 与大量对手直接竞争 · 差异化空间有限,对资源投入要求很高,品牌建设周期长,难以快速形成品牌溢价

第二节　以需求为导向的产品策略

20 世纪 60 年代，美国教授麦肯锡提出 4P 理论即产品（Product）、价格（Price）、渠道（Place）、促销（Promotion）4 大营销组合策略。4P 理论从本质上来说是从企业的角度来思考的营销策略，它强调的是企业通过生产合适的产品、制定合理的价格，利用一定的传播路径和有效的促销手段，把产品投放到需求市场，从而获取利益的整个营销过程。[①]

目前大多数驾校培训课程都是采用一次性课程，因此荣安驾校在坚持发展现有的整体培训课程体系的同时，还可考虑如何利用自有资源和自身优势，通过学员培训大数据分析，打造差异化组合课程产品。

针对高端效率人群，可以送教上门，或者与其工作场所最接近的驾校合作，提供就近学车；对低端效率人群，可以开发短期速成班，约定在一定时间内学完，可获一定奖学金或者学费的减免。

针对社交人群，与视频网站合作，鼓励学员将自己的学车视频通过视频网站发布，邀请好友点评，点评的好友可成为自己的荣誉乘客，最后看谁的车辆搭载的乘客最多，可获得奖励，同时对点评的好友抽奖。尝试基础培训收费＋增值服务免费（或优惠）的方式。

针对科技人群，开发半天或一天的专门针对某类技术的短期课程，如倒车技巧、雨天行驶技巧、雪天行驶技巧，或者汽车维修保养等。

第三节　以提高价值报偿为核心的价格策略

驾校主要的收入来源就是学员的培训费用，目前上海市平均学车费用在 8 500 元左右，2015 年 8 月上海市放宽每辆教练车招收学员额度，导致学车费用普遍下降 500～1 500 元。从调研结果看，42.55％的人认为学车价格应该在

---

① 菲利普·科特勒. 营销管理［M］. 北京：中国人民大学出版社，2003：10.

5 000～7 000 元。因此,寻求新的赢利模式,实现循环增值,满足发展成为当务之急。

一、尝试差别定价

由驾校提供的数据分析可知,学员平均结业周期为 125 天即 4 个月,也就是学员在 4 个月内完成培训的,驾校就有利润。但学员学习程度参差不齐,学习能力较差的,时间拖得长,则容易消耗更多的成本费用。而学得快的学员和学得慢的学员享受同样的价格,会认为驾校价格过高,则不宜树立美誉度。因此可对学得快的学员进行奖励。

二、尝试基础培训收费＋增值服务免费(或优惠)的方式

目前驾校除了免费接送外没有其他增值服务,为了吸引更多的新学员,驾校可针对不同的学员群体推出不同的培训套餐,设计不同的定价,如五人同行,一人免单;女性课程＋免费 2 次陪驾等。

第四节　以构建全媒体覆盖网络为主导的 O2O 渠道策略

结合此前的分析,我们对荣安驾校未来 3 年的营销渠道战略建议是构建O2O 化渠道,即以全媒体覆盖网络为主导,拓展线下门店布局。

一、大力开拓网络营销

通过搜索引擎、精准营销、口碑营销及渠道营销的组合,充分覆盖主流上网情景,持续推广驾校官网、预约号码,积累用户数据,促进业务开展。

(一)优化搜索引擎营销

目的:当人们搜索相关关键词时,驾校推广信息排在前列;通过学车报价器植入将营销前置,获取有效客户信息。

优化建议:(1)加强日常关键字竞价工作:重点针对行业通用关键字、人群

关键字、品牌关键字等进行规划并进行日常竞价。(2)开通产品品牌专区:在日常竞价基础上,就"荣安驾校"等主要关键词开通品牌专区,充分展现驾校特点和优势,吸引点击和呼入。(3)启动百度"捷径"项目,植入公司学车费用计算器:吸引客户在线报价,以合法获取目标客户的有效信息,缩短营销流程。根据实际产生的有效客户名单计费,建议以抽奖的方式鼓励网民进行试算并留下真实的电话信息。

(二)发展精准营销

目的:找到最有可能对驾校产品感兴趣的人员进行推广。

优化建议:开展精准定向广告,利用技术手段,分析网民上网行为,通过地域、行为、时间等定向方式,在特定的时间向特定的人群推广驾校学车报价器或者学车预约电话,例如仅针对上网搜索汽车或车险的人、查找旅游信息的人等,展示我们的广告。

(三)优化口碑营销

目的:塑造网上美誉度,改善搜索引擎表现,并积累会员。

优化建议:越来越多的人会在购买决策之前上网查找与此公司或产品相关的他人的评论、留言、购买心得……以此来进行比较判断。口碑互动营销就是在网络上塑造驾校的美誉度,让网络舆论有利于我们。具体做法是,投放广告后鼓励跟随者评论、共享。如果企业的跟随者增加,那么企业的社交会被放大。同时还要充分利用社交媒体,包括微博、微信、博客、论坛、播客等,结合热点新闻、热门话题,通过特约的、有网上号召力的博客、论坛版主、意见领袖,撰写软文,发表评论,鼓励消费者共享转发评论,要求满意客户写评论或推荐给其圈内好友,充分利用评论评价网站、微博、微信、百度地图等扩大评论的影响。每次消费者在公司网站上张贴新评论时,也应该把评论张贴到社交渠道,使得共享很容易。更好的情况是,当客户在站点上提交他们的评论的时候,能够自动分享到自己的社交渠道,即点击一次,能共享至很多地方。企业需通过确保每一个客户评论都能够快速地共享,可以在尽可能多的平台通信,所以能通过建立口碑营销使得点击一次就能共享到很多。这样,在企业网站上分享和跟随按钮要可见,不要放在网页底部,必须很容易让人们跟随企业,与他们的朋友分享企业的产品信息和相关内容。

二、针对不同人群需要利用好各种终端平台

随着科技的发展,媒介的不同形态也得到变迁。人们的媒体消费习惯正在发生深刻的变化,以往与消费者沟通的经典时刻,是晚饭后的"电视黄金时段"和"晚报阅读"时间,现在越来越多的是在地铁上、在出租车里、在咖啡吧里的所谓"碎片时间里"。CNNIC 数据表明,中国已经有 3.03 亿移动网网民(互联网民 4.7 亿),2015 年移动网网民将超越互联网网民。

荣安驾校需根据不同用户的需要,利用好各个终端平台,打造"PC 网络端＋移动客户端＋互联网电视＋户外媒体"等多终端平台,扩大其影响力。目前移动互联成为人们使用网络的主要方式,只要宽带普及,移动客户端的市场潜力非常巨大。通过手机机型,可以迅速找到高收入、新观念的用户,精准成本相对比互联网推广低,用户输入的主动性也比互联网强。手机已经成为营销沟通的新渠道。

目前荣安驾校可以加强与几大手机提供商如三星、华为、苹果等的合作,加大手机中驾校 APP 的植入力度;或者是当人们通过手机上网时在相关网页上展示驾校广告,以及通过互动手机小游戏植入驾校的相关推广信息,并搜集客户信息;拓展新的传播渠道,一切可以利用的户外媒体如地铁转乘大厅、地铁车厢等,将成为荣安驾校的另一传播渠道。

三、加强与各大媒体的合作,拓宽品牌市场

加强与各大媒体的合作,如大众点评网、上海发布等,确保舆情的有效监控。同时考虑与视频网站合作,开展品牌合作,拓宽渠道,如鼓励学员将自己的学车视频通过视频网站发布,邀请好友点评,点评的好友可成为自己的荣誉乘客,最后看谁的车辆搭载的乘客最多,可获得奖励,同时让点评的好友抽奖。

四、门店渠道拓展策略

根据对消费者是否去过驾校门店的调研,78.7%的消费者回答"没有去过",18%的消费者回答"去过"。回答"去过"驾校门店的消费者去过的门店主要位于居住地小区附近,比例达55%,其次是工作单位附近的中心大型商场超市里,比例达15%。

从上海市主要学车基地分布图(见图5—4)可见,上海学车基地主要集中在宝山、闵行莘庄和嘉定,浦东也集中了部分基地,军体基地位于虹口区,是目前上海市区内唯一的学车基地。

图5—4 上海市主要学车基地分布图

　　而计时培训基地目前有荣安、安亭、成达、翔茂、格亿、广源,荣安基地位于宝山和金山的朱泾地区,安亭基地位于嘉定,成达基地位于普陀,翔茂基地位于金山,格亿和广源位于奉贤。从上海市驾校新培训模式基本情况比较(见表 5—2)可见,其中只有安亭驾校的规模与荣安相当,安亭驾校因吸引嘉定区周边范围的学员对荣安驾校构成直接威胁。而成达驾校虽然也具有相当规模,但至今仍未营业,除了在地理位置上具有优势外,其他还未对荣安形成直接威胁。

　　根据荣安驾校学员来源分析,主要来自莘庄(61.27%)、松江(18.6%)、朱泾(18.48%)以及石化地区(1.65%)。

　　因此,荣安驾校在继续加强发展原有地区学员的同时,可考虑发展吸引青浦和奉贤两个地区的学员,同时通过在市中心城区投资建设一些门店以吸引市区学员。

表 5—2　　　　　　　　　　　上海市驾校新培训模式基本情况比较

序号	名　称	基本情况
1	荣安朱泾	培训模式:"先学后付、计时培训、学员自主、大数据评价",全程"计时、计费、计程、计项、计效" 驾校情况:成立时间为 2013 年 8 月 6 日,注册资本金为 9 200万元,教练车 223 辆(无挂靠);2014 年营业收入 5 763.66万元
2	安亭驾校	培训模式:"先学后付、计时、计费、计程" 驾校情况:成立时间为 2013 年 7 月,注册资本金为 1 000 万元,教练车 200 辆;2014 年营业收入 2 700 万元,2014 年毕业人数为 1 790 人
3	成达驾校	培训模式:"先学后付、计时、计费、计程" 驾校情况:成立时间为 2006 年 1 月,注册资本金为 1 000 万元,教练车 160 辆;2015 年未营运
4	广源驾校	培训模式:"先学后付、计时、计费、计程" 驾校情况:成立时间为 2014 年 9 月,注册资本金为 1 500 万元,教练车 96 辆;2015 年 8 月开始运营
5	翔茂驾校	培训模式:"先学后付、计时、计费、计程" 驾校情况:成立时间为 2013 年 6 月,注册资本金为 600 万元,教练车 65 辆;2013 年开始运营

　　消费者去驾校门店的时间段(见图 5—5)主要是周末特地前往,比例占35%;其次是在消费者的休息日(不一定是周末),比例占 20%;其他的还有下

班路过时、工作日特地前往、晚上散步时和周末逛街时,比例分别是 15%、10%、5%、5%。

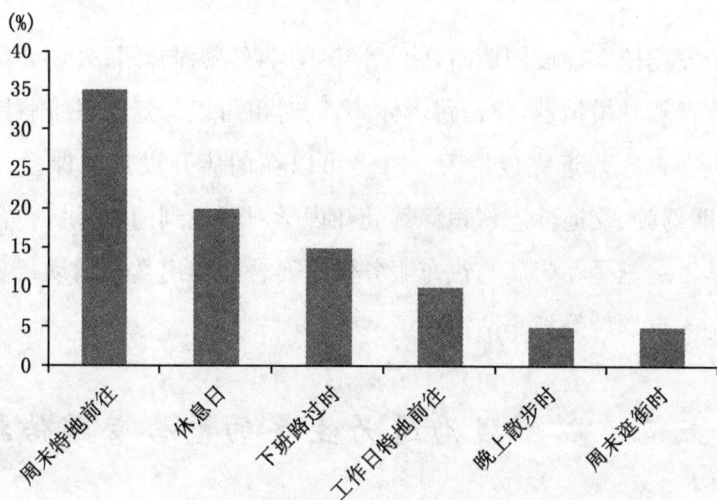

图 5—5　消费者去驾校门店的时间段

消费者去门店主要关注的问题(见图 5—6),占比最高的是学车报价,达 79.8%,同时还希望了解学车流程,达 58.5%,还有的就是驾驶活动、驾驶模拟操作、驾校介绍以及其他如听听其他人的介绍等,分别占 39.4%、37.2%、25.5%和 3.2%。

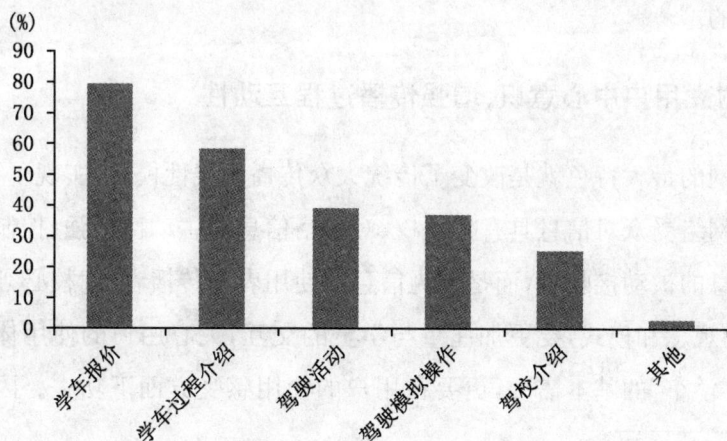

图 5—6　消费者去驾校门店主要关注的问题

在调研消费者是否希望驾校门店提供驾驶模拟操作时,80.9％的消费者回答"是"。在调研消费者是否愿意参加驾校门店的驾驶课堂或活动时,67％的消费者回答"是"。

因此荣安驾校在建设门店时,除了详尽的学车流程介绍、公司介绍外,一是可以考虑放置驾驶模拟器,供消费者体验,同时也可以与驾校系统联网,让模拟操作的学员在自家附近完成练习。二是可以在门店开设驾驶课堂,将交规学习、安全文明驾驶、交通标志认识等驾驶知识学习开设到门店,供消费者体验和学员就近学习。三是在门店与汽车服务供应商合作推出驾驶活动,包括车型试驾、汽车保养、自驾游等汽车活动。

第五节　以增强沟通为主导的整合营销传播

驾校要想显示自己的产品和服务,在学员的选择序列中占据重要的地位,就必须担当起传播者和促销者的双重角色,面向目标受众展示自己的产品优势和服务,与用户之间进行信息沟通与交流,促使用户产生愿意购买或者使用产品和服务的意愿。"整合营销传播(Integrated Marketing Communications, IMC)就是协助各种促销活动,使之产生面向消费者的、连贯的、统一的信息沟通方式,它不仅是为了提升传播效果,更是为了实现建立顾客关系这一营销最核心的目的。"[①]

一、树立用户中心意识,增强传播过程互动性

互联网的最大特色就是改变了传统大众传播的线性模式,实现了信息的双向传播。网络受众对信息具有把关权,对网络信息的主动性增强、控制性增大,不再是信息的被动接收者,而是成为信息的使用者和传播者,驾校必须改变"我教你学"的观念和模式,要更加注重与学员的交互,关心用户的使用体验,除了满足学员"学车"的基本需要,更要在用户的使用感受方面下功夫。因此,网站

---

① 肯尼思・E.克洛. 广告、促销与整合营销传播[M]. 北京:清华大学出版社,2012:63.

上要建立互动性社区,给学员提供一个可以参与互动讨论的平台,通过视频或其他内容的话题式营销的形式,为受众设置热点议题,不断吸引用户的眼球,引起其兴趣和讨论,使荣安驾校不断出现在公众视野中(见图 5—7)。

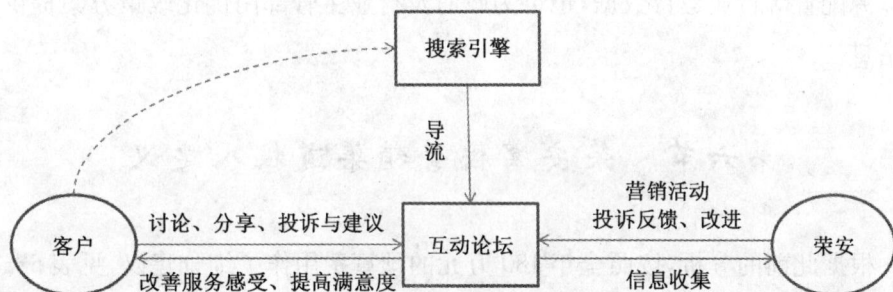

图 5—7　网络互动路径

同时利用微信、微博、人人网等社交媒体,通过社会热点话题、热点人物、突发事件等新闻植入驾校广告,或者开发微信小游戏,在游戏中植入品牌广告,起到主动传播的作用。

二、应用移动互联技术推动驾校服务精细化发展

宽带、3G/4G 的普及使得人们永远处于连接状态,也促进了移动终端的普及。数据的产生、采集、存储、应用均发生了显著变化。从客户获取、销售促进等各方面均推动驾校服务个性化和精细化发展。

目前驾培行业的招生、培训、考试等工作仍以人工或简单信息化的方式开展,效率低下,学员满意度低。在新版教学大纲配套文件(交运发〔2012〕730号)中,明确提出要利用科技与信息化手段,积极推广"按学时收费"、"先培训,后付费"。目前这种业务模式在全国范围内已经逐步推广实施,特别是一些有实力的大型驾校也开始主动推行。行业管理部门相继出台了改革举措,如交通部门推行驾驶员培训学时 IC 卡计时制,公安部门导入计算机智能化考试系统等。荣安驾校目前是全国唯一一家采用卫星差分等多项技术,以信息化系统对学员培训全过程实时、自动记录培训时间多少、行驶里程长短、练习项目次数、

训练效果优劣、培训收费高低的"先学后付,计时培训"的驾校,未来驾校如果能更好地利用大数据云计算技术,实现驾校与行政主管部门的数据共享,不仅能进一步提高服务效率,大数据平台实时反映学员积压情况、学员培训转化率、驾校资源配置等行业运行数据,也可为政府及行业主管部门优化政策方案提供参考信息。

第六节　荣安驾校营销渠道投入建议

根据此前的分析,按照全年480万元的预算费用作了细分建议,见表5-3。

表5-3　　　　　　　　　　荣安驾校营销渠道投入费用

内　容		策　略	预算需求(万元)
优化搜索引擎	搜索引擎优化	网站内容结构合理优化、为页面和文章加合适的tag(标签)、与合适的网站加友情链接	10
	品牌专区	品牌词:荣安驾校、上海荣安机动车	20
	搜索排名	通用词、产品词、兴趣词以及长尾词等	50
	知识营销和精准广告	新闻、知道、贴吧等频道	40
	预算小计		120
口碑营销	常规	在财经、汽车垂直、旅游垂直等相关网站组织专门的写手撰写论坛稿件、转帖、博客以及论坛维护	30
	定制	游戏、原创音乐、病毒营销(视频、漫画等)	20
	预算小计		50
平台合作	视频网站活动合作		10
其他渠道	微信营销		50
	门店(按照每年3家的速度)		150
	预算小计		200
常规广告	学车报价器	汽车、母婴垂直网站学车报价植入	50
	户外广告	地铁站厅及地铁车厢	50
	预算小计		100
合　计			480

第七节　小　结

在分析荣安驾校商业模式的基础上,结合营销管理 4P 理论,通过明确其目标市场定位,提出以需求为导向的产品策略、以提高价值报偿为核心的价格策略,构建以全媒体覆盖网络为主导的 O2O 渠道策略,增强以沟通为主导的整合营销传播策略,同时也提出了投入费用建议,从而建立荣安驾校的自有品牌,以达到荣安驾校年均 50％的营业收入增长率和 25％的净利润增长率的目标。

第六章 结 论

　　伴随着行业管制的解除、驾校实际培训能力的释放、自学自考时代的来临、驾校学员数量扩张放缓，驾培行业的竞争将更加激烈。驾校企业为了在激烈的竞争中寻找自身的竞争优势，就必须进行市场细分和自身定位，制定有效的营销策略，满足用户多元化需求，形成成熟的市场运营机制，实现效益的增值。

　　本文以荣安驾校为研究对象，通过对驾校的营销环境分析，发现上海驾培行业规模在不断扩大，用户数量在快速增长，但整个行业竞争在加剧，各大品牌驾校市场份额不高，仍处于分散竞争局面。结合荣安驾校目前的营销能力，提出荣安驾校目前学员数量扩张放缓、广告投放不精准、没有良好的受众互动、营销渠道转换率低、门店创收效益尚未有效显现等问题。接着，通过对驾校消费人群需求特征的分析，得出最符合目前驾校的细分市场，并针对细分市场进行品牌定位。最后，针对荣安驾校营销中存在的问题，结合 4P 理论提出荣安营销战略，即建立针对不同人群打造差异化组合课程产品体系，增强以沟通为主导的整合营销传播，同时构建 O2O 化渠道。

参考文献

[1]菲利普·科特勒. 营销管理[M]. 北京:中国人民大学出版社,2003:10.

[2]弗雷德·R.戴维. 战略管理[M]. 北京:中国人民大学出版社,2012:138.

[3]亚历山大·奥斯特瓦德. 商业模式新生代[M]. 北京:机械工业出版社,2011:10.

[4]朱春阳. 传媒营销管理[M]. 广州:南方日报出版社,2004:114.

[5]贾国鹰. 媒介营销——整合传播的观点[M]. 长沙:湖南人民出版社,2003:42.

[6]肯尼思·E.克洛. 广告、促销与整合营销传播[M]. 北京:清华大学出版社,2012:63.

[7]史文君. 论"80后"消费行为特征及对营销策略的影响[J]. 现代商贸工业,2011(23):115—116.

[8]央视市场研究. 2015中国社交媒体影响报告[DB]. http://cn.kantar.com.

[9]艾瑞咨询. 2014年中国搜索引擎用户行为研究报告简版[DB]. http://www.iresearch.com.

荣安驾校学员调查问卷(一)

培训学员:

您好!

我们是上海财经大学市场咨询团队,受荣安驾校委托,为更好地服务学员,我们对您进行一次问卷调查,希望就此听取您的意见。请根据实际情况,提供真实的意见和想法。

十分感谢您对问卷调查的配合!

1. 请问您的性别是:

□ 男   □ 女

2. 请问您的年龄在:

□ 20 岁以下   □ 21~30 岁   □ 31~40 岁

□ 41~50 岁   □ 51~60 岁   □ 61 岁以上

3. 请问您的职业是:

□在校学生   □个体私营   □企业职员

□政府职员   □自由职业   □无业

4. 请问您所在的区县是:

□浦东新区   □杨浦区   □静安区   □普陀区

□徐汇区   □长宁区   □黄浦区   □虹口区

□宝山区   □闵行区   □嘉定区   □青浦区

□奉贤区   □松江区   □金山区   □崇明区

5. 请问您的月收入为：

□3 000元以下   □3 001～5 000元   □5 001～7 000元

□7 001～9 000元   □9 001～12 000元   □12 000元以上

6. 请问您到驾校报名参加培训的途径是：

□通过驾校门店直接报名   □通过网上查询驾校后再去报名

□通过教练员报名   □通过传统媒体广告信息了解后报名

□通过朋友推荐了解后报名   □通过驾校微信报名

□通过其他微信公众号推送（请描述是什么公众号：_____）

□其他（请描述：_____）

7. 请问您选择荣安驾校前比较过哪些驾校？

□军体驾校   □通略驾校   □旗忠驾校   □春申驾校

□小昆山驾校   □大众驾校   □金山驾校   □翔茂驾校

□其他（请描述：_____）

8. 请问您选择驾校时最关注以下哪些因素（选3项）？

□驾考通过率   □学车地点交通便利性   □教练员素质

□能否接送   □能否本校考试   □场地硬件设施

□驾校知名度   □驾校美誉度   □报名价格

□约考难易程度   □熟人推荐

□其他（请描述：_____）

9. 请问您使用过荣安驾校哪种交流工具？（可多选）

□公司官方网站   □公司微信

□公司APP   □都没有使用过（选此项则跳转到第11题）

10. 请问您使用荣安驾校以上工具的主要目的是（可多选）：

□预约报名　　　　　□预约教练　　　　　□了解学车驾驶信息

□了解公司新闻公告　□评价教练　　　　　□与其他学员交流

□获得优惠信息　　　□其他(请描述:＿＿＿＿＿＿＿＿)

11. 请问您认为荣安驾校的交流工具应该改进的地方是:

□增加手机端应用　　　　□增加视频学习

□增加学员交流　　　　　□增加学车后购车增值服务

□其他(请描述:＿＿＿＿＿＿＿)

12. 您完成驾驶培训后,驾驶车辆的情况:

□驾驶培训完成后有车开　　　　　□驾驶培训完成后没有车开

□驾驶培训完成后偶尔会有机会开车　□参加驾驶培训只是为技能储备

13. 按照目前培训情况,您认为您完成驾驶培训考试合格后:

□根本不能上路单独驾驶　　　　　□有自信完全能单独驾驶

□会找培驾公司进行一段时间培驾

□一般路段能开,交通状况复杂的情况下不敢开,但不会找培驾公司

14. 你还希望荣安驾校提供哪些学车以外的服务或活动?

请描述:＿＿＿＿＿＿＿＿＿＿＿＿＿＿＿＿＿

15. 您完成驾驶培训后是否会向朋友推荐荣安驾校:

□是(跳到第 16 题)　　　　　□否(跳到第 17 题)

16. 您推荐荣安驾校的原因是什么?

请描述:＿＿＿＿＿＿＿＿＿＿＿＿＿＿＿＿＿

17. 您不会推荐荣安驾校的原因是什么?

请描述:＿＿＿＿＿＿＿＿＿＿＿＿＿＿＿＿＿

再次感谢您对我们工作的支持,谢谢!

上海机动车驾驶员培训市场调查问卷(二)

培训学员：

您好！

我们是上海财经大学市场咨询团队,为进一步了解上海驾驶员培训市场情况,我们对您进行一次问卷调查,希望就此听取您的意见。请根据实际情况,提供真实的意见和想法。

十分感谢您对问卷调查的配合！

凡是参加此次问卷填写的学员,荣安驾校将为您提供一次免费课程体验,请您留下您的联系方式:＿＿＿＿＿＿＿＿＿＿＿＿＿＿＿

1. 请问您是否有驾照？

□有(结束回答)　　　　　□没有(继续回答问题)

2. 请问您近期是否有学车计划？

□有(继续回答问题)　　　□没有(结束回答)

3. 请问您的性别是：

□男　　　　　□女

4. 请问您的年龄在：

□20 岁以下　　　□21～30 岁　　　□31～40 岁

□41～50 岁　　　　□51～60 岁　　　　□61 岁以上

5. 请问您的职业是：

□在校学生　　　　□个体私营　　　　□企业职员

□政府部门　　　　□自由职业　　　　□无业

6. 请问您所在的区县是：

□浦东新区　　　□杨浦区　　　□静安区　　　□普陀区

□徐汇区　　　　□长宁区　　　□黄浦区　　　□虹口区

□宝山区　　　　□闵行区　　　□嘉定区　　　□青浦区

□奉贤区　　　　□松江区　　　□金山区　　　□崇明区

7. 请问您的月收入为：

□3 000 元以下　　　□3 001～5 000 元　　　□5 001～7 000 元

□7 001～9 000 元　　□9 001～12 000 元　　□12 000 元以上

8. 如果您要选择驾校,请问您会首选哪家驾校?

□荣安驾校　　　□通略驾校　　　□翔茂驾校

□小昆山驾校　　□大众驾校　　　□金山驾校

□军体驾校　　　□其他(请描述：_____)

9. 请问您是通过什么途径了解驾校信息的?（可多选）

□驾校宣传单　　　□网上查询　　　□参加过培训的朋友介绍

□报纸杂志　　　　□微信朋友圈　　□驾校门店

□其他(请描述：_____)

10. 请问您选择驾校时最关注以下哪些问题?（选 3 项）

□驾考通过率　　□学车地点交通便利性　　□教练员素质

□能否接送　　　□能否本校考试　　　　　□场地硬件设施

□驾校知名度　　□驾校美誉度　　　　　　□报名价格

□约考难易程度　□熟人推荐

□其他(请描述:_____)

11. 请问您有去过驾校的门店吗?

□有(继续回答)　　　　　　□没有(跳到第 15 题)

12. 请问您去过什么驾校的门店?

请描述:_____

13. 请问您去的驾校门店位于哪里?

□居住的小区附近

□工作的单位附近街道

□居住区域的中心大型商场超市里

□工作单位附近的中心大型商场超市里

□其他(请描述:_____)

14. 请问您通常是什么时间去驾校门店?

□晚上散步时　　　　□工作午休时　　　　□下班路过时

□周末逛街时　　　　□周末特地前往　　　□工作日特地前往

□其他(请描述:_____)

15. 如果您去驾校的门店,主要关注什么?

□学车报价　　　　□驾校介绍　　　　　□学车过程介绍

□驾驶模拟操作　　□驾驶活动(如驾车体验、安全驾驶课程等)

□其他(请描述:_____)

16. 请问您是否希望驾校门店提供驾驶模拟操作?

□是　　　　　□否

17. 请问您是否愿意参加驾校门店举办的课堂或活动?

□愿意　　　　□不愿意

18. 请问您对驾校学车费用的期望价格是:

□3 000 元以下　　　　□3 001～5 000 元　　　　□5 001～7 000 元

□7 001～9 000 元　　　　　□9 000 元以上

19. 请问您倾向于哪种学车收费方式?

□按学车科目分段收费、先学车后付费　　　　□学车前一次性付清费用

20. 您是否会因为担心教练教学不够认真、态度恶劣而考虑送红包?

□是　　　　　　　□否

21. 请问您还希望驾校提供哪些学车以外的服务或活动?

请描述:＿＿＿＿＿＿＿＿＿＿＿＿＿＿＿＿＿＿＿＿＿＿

再次感谢您对我们工作的支持,谢谢!

第 二 部 分

2015 年度 MBA 整合实践项目活动随想

师生命运共同体　整合实践来检验

2015 年商学院 MBA 整合实践，从 7 月接受任务到 12 月项目完成，整整半年时间，带领 6 位在职 MBA 同学，以"非常 6＋1"的团队方式一路走来，颇多感想。在此整理几条，或许对今后的项目可以有所启迪。

1. 合理计划，有序推进，良好的开端是成功的一半

俗话说"万事开头难，良好的开端是成功的一半"。

7 月 26 日，商学院 2015"整合实践项目"启动会当天，趁大家都在场，项目组就开始制订计划，确定推进过程中的主要里程节点，尤其是几次必需的小组讨论时间。毕竟大家都是在职生，平时工作也不轻松，早点定下主要时间节点，可以便于合理安排时间，保证项目有序推进。

荣安驾校商业模式优化研究项目时间进度表

序号	任务名称	开始时间	结束时间	持续时间
一、小组讨论	第一次小组讨论	8-1	8-1	1d
	第二次小组讨论	8-20	8-20	1d
	第三次小组讨论	9-26	9-26	1d
	第四次小组讨论	10-17	10-17	1d
二、荣安驾校现状调研及分析	荣安驾校朱泾校区参观、实地体验教学流	8-8	8-8	1d
	荣安驾校管理层访谈（陶总经理、顾玉华经	8-8	8-8	1d
	荣安驾校松江门店调研	8-22	8-22	1d
	荣安驾校网站体验	8-21	8-28	8d
三、外部调研、行业研究	调研问卷设计	8-21	8-26	6d
	调研问卷下发及回收	8-28	9-14	18d
	其他驾校门店调研	8-24	8-24	1d
	其他驾校网站调研	8-28	9-28	32d
	相关制度文献收集	8-28	9-28	32d
	相关行业协会网站信息收集	8-28	9-28	32d
	行业研究网站信息收集	8-28	9-28	32d
四、总结报告及策略建议框架草案	调研问卷数据分析	9-28	10-7	10d
	荣安驾校经营数据分析	9-28	10-7	10d
	策略建议和优化方案草案	10-8	10-19	12d
五、草案优化、定稿	草案优化及报告初稿	10-20	11-2	12d
	报告修改、定稿	11-2	11-16	14d

2. 做好功课,做好预习,外行要快速成为行业熟悉者

从项目所涉及的驾培行业来讲,似乎大家并不算太陌生,但有所知晓与真正了解行业之间的距离还是很大的。因此项目一开始,作为指导老师对大家定出的要求就是,认真做好功课,做好预习,争取在项目组第一次去企业调研前,对于驾培行业的发展情况、各类主要的驾培政策、全国尤其是上海驾培行业的竞争现状、目标企业荣安驾校的基本情况,要了如指掌。一句话,快速成为熟悉这个行业、了解这个企业的人。

3. 走进企业潜心调研,把脉诊断方能找到痛点

8月8日,经过前期的准备和与企业的沟通,项目组全体成员来到位于金山区朱泾镇的荣安驾校总部,进行实地调研,这也是这次三个项目中第一个走进企业调研的团队。接下来的一个多月,通过走进企业实地调研,与企业管理层反复沟通,走访驾校松江门店,以用户身份反复体验,再到针对不同用户的问卷调研,与竞争对手的反复比较,炎炎夏日,项目组用自己的努力为企业把脉诊断,帮助企业寻找亟待解决的痛点。

4. 不贪大求全,好大喜功,沟通协调,定位合适的项目目标

最初,由商学院前期面向企业招标后,交给项目组的题目是"荣安驾校商业模式优化研究",这是个好题目,但也是个大题目。如果真要全方位地进行商业模式的优化,恐怕不是短时间内就能完成的,也不是这个项目团队完全能胜任的。不贪大求全、好大喜功,而是量力而行、脚踏实地,这是项目组商定的原则。因此,经过项目组在调研后的反复讨论,经过与企业的沟通协调,我们最终把问题聚焦在驾校营销问题的改进上,尝试从营销改进的视角来进行荣安驾校商业模式的优化研究。从项目后期的成功,尤其是得到企业认可这点来看,定位合适的项目目标至关重要。

5. 理论联系实际的知行合一,合适的理论匹配才能让评委首肯

项目组成员都是已经过了一年专业基础课学习的 MBA 学生,所以一上来大家雄心勃勃,恨不得把学到的所有理论都搬到研究报告中去。这时指导老师要做的事情就是合理引导,先加法再减法,反复讨论,逐步聚焦,让大家一点点达成共识,去芜存菁,留下最合适匹配的理论,遵循最合适的方法论。这个过程有点像指导毕业论文,同时这份报告的行文架构与硕士论文也有一些相像。因为将来要求的评分点,包括要"体现专业视角,恰当应用相关学科领域的专门知识和专门能力,研究方法规范"等,所以唯有认真做到这些,才能过得了专业评委的关。

6. 紧接企业地气的知行合一,优化建议才能为企业所接受

但是光找到合适的理论匹配,并不是整合实践的全部,整合实践中的知行合一,不仅仅是表面的理论联系实际,而是所发现的问题真正是企业的痛点,所提出的建议必须是紧接企业地气,可落地可操作的,唯有这样,所提的优化建议才能为企业所接受,才是真正的知行合一。项目组曾在学院网站上发过一篇名为《一次真实的诊断,一次意外的发现》的小报道,说的就是项目组通过自己的努力,帮企业找到了百度推广中连企业自己都不知道的问题,进而提出了合理化的建议,得到了公司老总的特别肯定。

从笔者自己作为 MBA 老师在"知行合一"方面的实践来说,笔者认为,课程中引入热点问题以真实企业案例做分析(如自己所上的"电子商务专题"课程),是知行合一,但只是初级,因为更多地停留在口头和纸面,且听不到企业对此的看法;课程中引入企业模拟让学生真实感受企业经营(如自己所上的"ERP沙盘模拟"课程),是更好的知行合一,但也只能算中级,因为企业的经营毕竟还是假设的模拟;而整合实践报告,是基于真实企业调研所提的建议,既有理论上教授评委的把关,又有实际中企业对此的认同,真实性最强,所以是更高级别的知行合一。将来,如果能考虑对于项目的后期跟踪,反馈企业实施的效果则更好。

7. 组长率先组员配合，团队合作中的领导力、执行力至关重要

这是一个集体项目。几个月的磨合，自己的感觉是，整合实践项目小组组长的人选至关重要，项目之所以能在最后胜出，与组长李旎雅同学的努力是分不开的。制订计划、联系安排、落实进度、整合报告，又在我的"逼迫"下改了整整 7 稿。最后路演前制作 PPT、汇报试讲。当试讲辅导那天，我们一起走出商学院小院子的时候，时间已是半夜。正是因为有了组长的身先士卒，有了组长对于指导老师意见的认真执行，加上组长的领导力，再配合组员的执行力，才会有项目的完美结局。

这是项目路演评审那天晚上，李旎雅同学发在朋友圈的图片，让我非常感动：拼搏的母子，拼搏的师生！

荣安驾校商业模式优化研究项目队长李旎雅同学朋友圈

8. 是指导老师，更是团队一员，师生命运共同体接受考验

半年的带队，自己的感觉是，不像平常上课，只要我敬业讲课就可以，学生成绩好坏相当一部分是他个人努力的结果，考好了过，考不好关；也不像指导论文，我尽力辅导了，学生能达标我签字放行，若质量不达标则延后。但整合实践项目，从一开始，我的命运就是与同学们捆绑在一起的，完成项目的时间是既定的，不能延后，项目要达到的质量也是既定的，而且不仅要从理论和学术规范上通过教授评委们的评审，所提出的建议还要落地为企业所接受。因此根本没有退路，唯有与同学们同甘共苦、荣辱与共，这是真正的"师生命运共同体"。

从酷暑到寒冬，整整半年的努力，有辛苦也有喜悦，感谢大家的配合，感谢大家对于我这个指导老师追求完美、高标准严要求的理解，一份耕耘一份收获，评委的肯定、企业的认可、"优秀项目"的荣誉，这是对我们"6＋1"团队最好的褒奖。

感谢商学院"整合实践项目"让我们在 2015 年拥有了这么一段真正"知行合一"的难忘回忆！

（上海财经大学信息管理与工程学院副教授、电子商务中心主任、整合实践项目指导老师　劳帼龄　供稿）

梦想与激情

记得泰戈尔的《飞鸟集》里有一句话：I have my stars in the sky, but oh for my little lamp unlit in my house. 这句话，在我指导"机构运营管理模式优化"项目的过程中，常常萦绕在我心里。

今年夏天始，我有幸带领 MBA 学员开展了"机构运营管理模式优化"这一整合实践项目。让我倍感幸运的是：能够更进一步认识这群青春勃发与梦想激荡的学生！

与别的项目不同，"机构运营管理模式优化"项目来自我们 MBA 学生陈雅琼的创业活动。温婉静雅的她在肩挑重担的工作之余，洞悉培训市场的需求，把握幼儿教育的脉搏，书院始成。几乎每个人都有不同的梦想，但真正去尝试的人少之又少！在激情涌动的年龄，勇于尝试，勇于挑战，是陈雅琼给我的深刻印象。

让我甚为感动的是这十个人的项目团队，他们都有自己高强度的工作，又有繁重的课程压力，但是，他们一次次聚集，一次次调查……不论是项目伊始的周密筹划，还是实践过程的倾情投入；不论是前期的市场调研，还是后期的报告 PK，每位同学将所学所能与所思所想都发挥到了极致。他们整合自身的资源、分享亲身的经验，将创业梦想融入书院，人人都是 COO。他们的梦想与激情交汇，化作那璀璨的星星，点缀了这浩瀚的星空。

陈雅琼、李师渊、何军芳、陈晓炯、刘明灯、汪佩岚、望长想……，有你们真好！

（上海财经大学国际工商管理学院副教授、整合实践项目指导老师　许淑君　供稿）

整合实践项目的思考

2015 年 7 月整合实践活动揭幕，到 2015 年 11 月学生路演汇报完成，为期 5 个月的整合实践项目算是结束了。我本次带队 5 名学生，参与了"上海大众财富投资调查分析"项目。作为一项集学生、企业、教师于一体的学习＋实践行为，不失为一种颇具特色的新型 MBA 教学方式的探索。

于企业，这是一个宣传推广、择人借力的机会，吸引对本公司或本项目有兴趣的 MBA 学生加入，从他们的眼光和视角分析公司发展中的问题，或许能提出区别于企业内部的观点和建议；于老师，则是一个实践与理论结合、教与学并进的过程。

当然，更多的体验还在于学生：

(1)学有所学。"学习最大的动力是兴趣"。如果说必修课还带有一点强制意味，那么选修课则满足每个人的兴趣，参加整合实践活动更是兴趣使然。只有当你对某企业或某问题感兴趣，你才愿意参加这个项目。说来有趣，我所带的这个小组，5 位同学中竟有 4 位 CPA，看来对"财富"是极感兴趣的。

(2)学有所思。整合实践项目不同于传统的说教式教学，而是由企业命题、学生解题、教师支持的过程。学生成为活动的主体，围绕企业给出的研究命题，学生需主动辩题，寻找研究方法并提出解决方案。教师在学生的分析过程中给予相应的指导，但应充分尊重并鼓励学生的自主性。该项目给出的命题是"上海地区大众财富投资状况的调查"，5 位同学迅速分工，从问卷设计、样本选择、数据搜集到报告撰写，有序地完成了调研课题。过程中不乏难题和困惑，由此也激发同学们不断地反思，进而提高对问题的解决能力。

(3)学有所用。课本中的理论,贯通于实践,才真正成为学生知识体系的一部分,然而学与用的分离始终是一个难题。"书到用时方恨少",在整合实践的过程中,学生不仅仅需要了解资产管理公司的特征,并将利用所学过的问卷调查法和数据处理工具,开发设计问卷,完成数据处理,尤其重要的是,在调研的基础上进一步归纳总结上海大众财富投资心理、财富投资倾向,把握财富管理重心和财富管理策略,实现战略理论、营销理论、调研方法应用的落地。

整合实践项目具有较强的实践性,要达成上述目的,则需要更有效的组织和充分的参与:

(1)有效的组织。上海财经大学商学院为整合实践活动搭起平台,接下来需要企业、学生、教师三方的联合行动,但毕竟三方各有自己的工作或学习计划,所以需要在时间协调、进度把握方面有效组织,密切配合,方能达成预期目标。我们的项目在初期调整了研究命题,所以造成后续时间上略感紧迫,但在企业的支持和同学们的努力下,终于完成了一份尚满意的答卷。

(2)充分的参与。不论企业或学生,在整合实践项目的过程中,皆需要投入一定的精力和时间,也只有充分参与,方能有所得。由于时间有限,本次实践活动仅仅对潜在客户进行了调研和整理,不涉及目标企业的运营。在此之前,我对财富管理公司的了解不多,接触该项目后,竟有意无意地关注起财富管理公司的信息,看到路边财富公司的门店,也会猜测并了解其可能的投资动向及模式特征。将财富管理公司商业模式作为一个研究内容,于我也是一个不错的研究选题。

(国际工商管理学院副教授、整合实践项目指导老师　王琴　供稿)

走进荣安驾校

　　荣安驾校是一所现代化的驾驶培训机构,它借助科技手段,率先在全国对学员学车全过程进行实时自动记录;针对每个学员不同阶段的训练进度、培训质量进行自动统计分析,客观地实施差异化的因人施教,从而赢得顾客认可。此举开展后,被交通部誉为"荣安模式",并被其他驾校纷纷效仿。

　　但是荣安人不满足于现状,为了保持驾校的持续竞争力,管理层一直在思考如何继续优化荣安商业模式,以在激烈的市场竞争中保持领先地位。通过本次整合实践活动,上海财经大学 MBA 学员将在专业导师的指导下,对上述问题给出自己的答案。

驾校大厅

2015 年 8 月 8 日,上海财经大学商学院 MBA 整合实践项目团队在劳帼龄老师的带领下,一行七人,走进坐落在金山区朱泾镇的荣安驾校总部进行初步调研。

一走进驾校的营业大厅,同学们立刻感受到了这所驾校的与众不同之处。为方便学员,驾校提供免费班车按时接送,并为妈妈学员设置了母婴室。交通标志占据了墙上的醒目位置,以不断巩固学习。

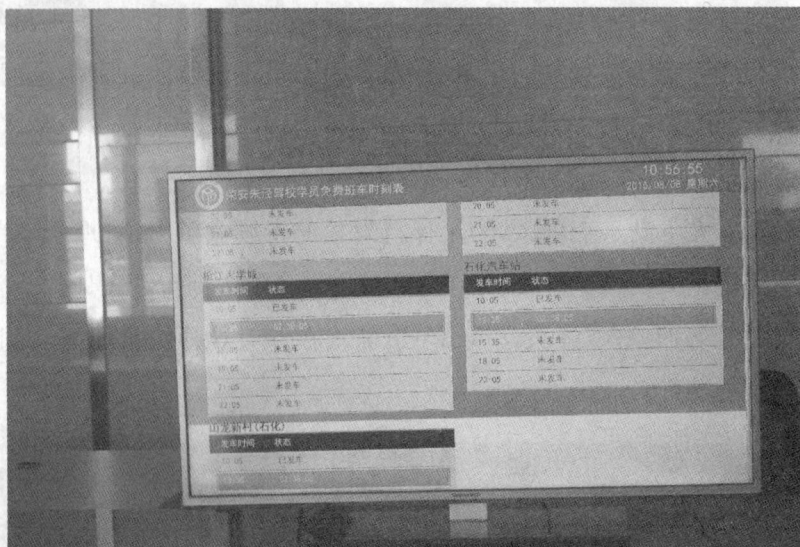

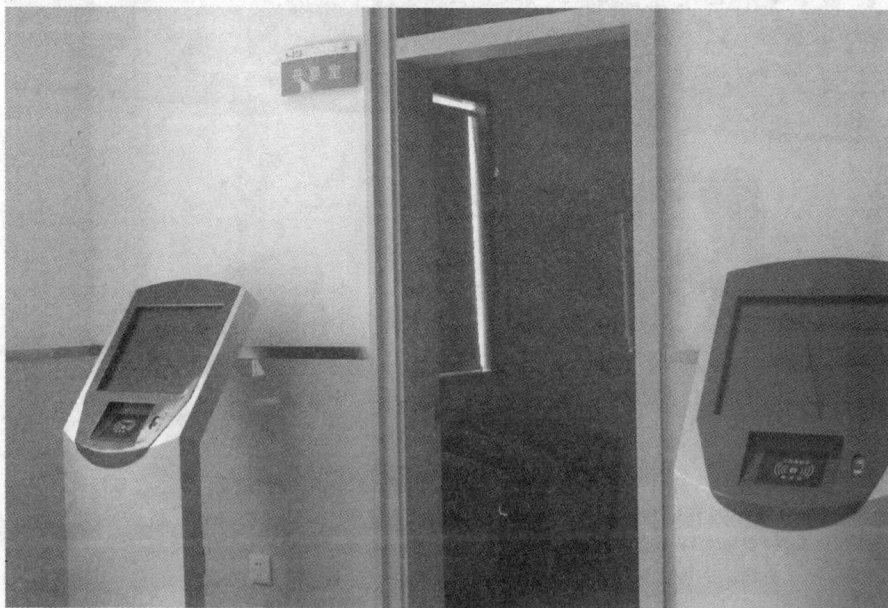

大厅内饰

　　荣安驾校的顾玉华总监首先带导师和同学们参观了驾校的现代化训练场地。透过玻璃房,可以看到驾校学员正在进行紧张忙碌的练习,而玻璃房内,学员的行车里程、练习时长等关键信息都被记录在案,指导人员可以通过电脑分析,对学员的驾驶技术及时进行矫正和指导。为了帮助学员更好地适应道路环境,驾校内还专门设置了类似赛车游戏的驾驶舱,学员们在驾驶舱内可以真实感受路况,为真正上路行车奠定基础。

　　顾总还向同学们介绍了驾校的运营机制,为激发教员的教学热情,驾校根据学员对教员的打分情况,实时公布教员的得分情况。

驾校现代化训练场

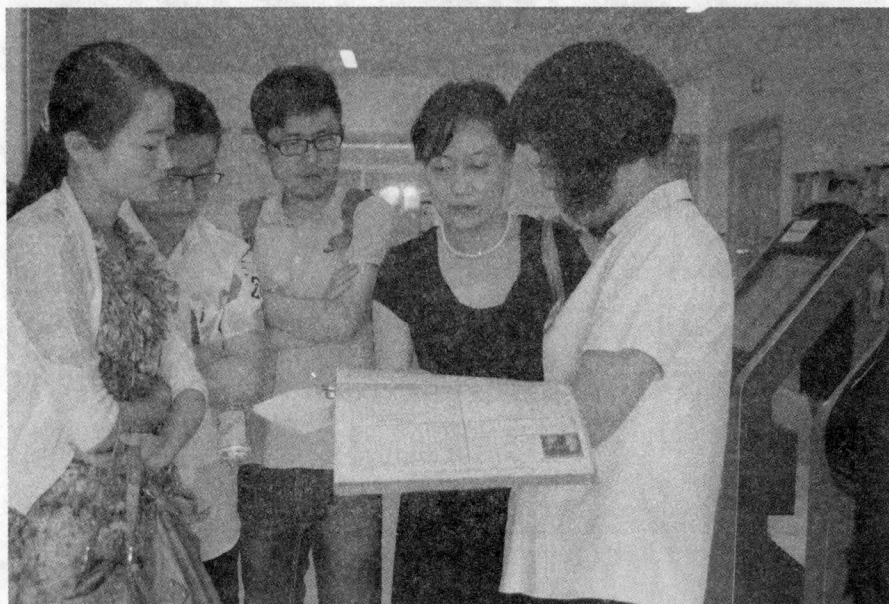

学员体会驾校实时打分机制

参观结束后,驾校负责人陶文光、老师和同学一同出席了研讨会,就如何优化荣安的商业模式进行了细致的探讨。

上海财经大学老师、MBA 学员和驾校负责人研讨会

　　基于本次的调研结果，整合实践团队将开展全面分析，并收集多方意见和资料，结合在课堂上所学的理论知识，以期形成切实可行的建议策略方案，为驾校的进一步突破创新提供强有力的支持。

（工作人员　供稿）

给书院一次 Brain Storm

作为 2015 上海财经大学 MBA 整合实践项目之一,"机构运营管理模式优化"项目与其他项目相比有其独特性:首先,项目启动时间较短,它是一个全新的课外辅导机构,开业仅 2 个月;其次,项目规模较小,为上海财经大学 MBA 在校生的创业项目,需要改善的问题也更细。

书院创始人在项目启动时,向小组成员提出了几个希望解决的问题:

(1)市场营销推广;

(2)人员薪酬绩效;

(3)招聘渠道优化;

(4)运营管理优化;

(5)连锁经营思路。

在 8 月初小组第一次见面后,我们制定了大致的项目进度表。而在进行实地调研之前,大家一致认为,为了让调研更有效率,应该先来一次"头脑风暴",各抒己见。

于是,8 月 16 日下午,项目小组"相约星期日",在铜仁路的一家咖啡厅里,一场头脑风暴席卷而来。

为了让思路更加开阔,许淑君老师鼓励大家大胆地说出自己想到的任何点子,其他同学在队员发言时不应置疑或者打断。

在这次头脑风暴之前,小组已就少儿课外辅导机构市场做了一次网上调查。经过队员陈晓炯的数据整理,大家可以清晰地看出少儿辅导机构的市场中心以及家长对机构的期望和要求。在陈晓炯对数据进行分析说明后,大家在脑中勾勒了更清晰的蓝图。

"机构运营管理模式优化"项目小组研讨会

　　大家根据自己搜集的信息,对机构现有状况的完善纷纷提出了各自的意见:有同学认为现在的家长已经开始重视孩子的个性化培养,应该更偏重素质教育;有的则对教师招聘渠道提出了自己的看法,师范院校应届毕业生将是一个很好的选择;还有同学有过开办辅导机构的经验,他们认为小班教育对孩子每天的进步进行实时跟踪非常重要;作为"客户"之一,有组员根据她为自己孩子选择机构的经验,分享了她认为有些机构做得好的方面,例如对上课片断录像,让家长有更直观的了解。更有同学提出了更前卫的教学方式:开设面向少儿的财商课程,比如经济学等。而大家也一致认为对周边的资源以及竞争对手的调查至关重要。作为未来发展的考虑,组员还建议可以对优秀教师进行奖励,去国外优秀培训机构学习。许淑君老师在听取了大家的想法后,也提出了自己的建议,让大家受益匪浅。3 个小时的头脑风暴后,密密麻麻的点子写满了墙上的白纸,更多的点子还在不断地冒出来。

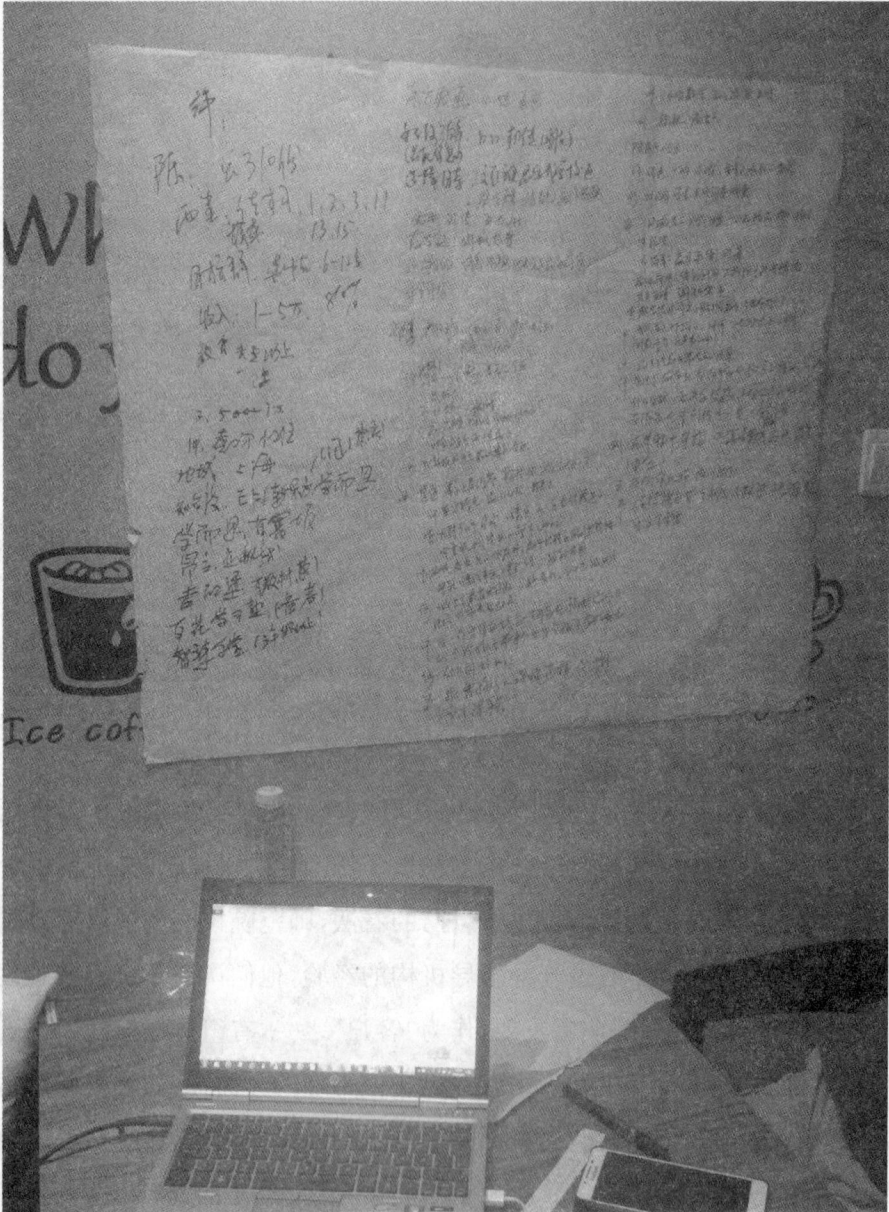

头脑风暴

在这次头脑风暴后,大家更期待去实地调研,在对实地和周边环境有了更深的考察后,大家的规划和策略将会更明确。大家对"机构运营管理模式优化"项目充满了信心,期待下次分享时想法和点子的再次撞击和爆发。

项目成员合影

(2014 级 MBA 李师渊 供稿)

实务之中求探索　创新之中立标杆

——记"荣安驾校商业模式优化"研究项目

从炎夏来到了深秋,为期 3 个月的 2015 MBA 整合实践项目即将进入尾声,荣安驾校商业模式优化研究项目团队在实务中探索,在理论中佐证,再反哺于实务,在项目导师劳帼龄副教授的带领下,在一次次质疑和思想碰撞中,团队顺利完成了实践项目,提交了项目报告。

对于企业实践项目来说,一般容易走进两个误区:一是容易将研究课题变成资料汇编,变成现象堆砌;二是将解决方案设置过于理想化,难以匹配企业近期目标。针对以上两点,项目组结合实际,在项目伊始即明确了三个目标:充分契合现阶段企业管理需求,站在行业角度寻找荣安驾校健康发展的驱动力,对企业发展能够有效引导判断和施加正向影响。在三个目标的指引下,项目团队成员努力寻找信息来源,并从信息中排列逻辑,总结思考路径,最终得出项目推进的实施方法和计划。

对于该项目来说,最大的困难在于大量的资料收集和提炼工作。因为驾培行业是一个特殊行业,大多数人随着学车培训的结束也就不再关注,因此要想提出可行性的解决方案,所有项目成员必须充分了解驾培行业。同时,驾培行业又是一个小众行业,行业资料和企业资料不如其他行业那么集中和公开。项目团队研究了驾培行业的发展历程和驾校经营特征,实际阅读量几乎覆盖了驾培行业发展以来的制度设计和经营结果,尤其是上海市驾培行业和一些大型品牌驾校。获取信息的渠道除了实地调研、问卷调研、访谈,还查阅了大量的网站,包括国家和地市统计局网站、相关行业协会网站、行业研究网站以及各驾校网站。如此大的工作量都是项目组成员利用工作和学习之余的时间完成的。之所以能有如此大的动力和毅力,离不开导师的支持。劳帼龄老师作为项目导师更是亲自挂帅,以自己丰富的实践经验,为项目团队的顺利推进指引了方向。

最终成文的《荣安驾校商业模式优化研究——基于营销改进的视角》,不仅仅在"自学自考"关键政策落地期为荣安驾校在业务转型拓展中获取主动创造了有利条件,更为驾培企业在激烈的市场竞争中找准目标市场、进行精准的市场定位、提高市场占有率提供了理论指导和实践运行的思路,树立了驾培企业商业模式优化研究的标杆。通过本次活动,大家于实务之中求探索,创新之中立标杆,真正做到知行合一。

(2014 级 MBA　李旎雅　供稿)

一次真实的诊断，一次意外的发现

——记荣安驾校调研的意外发现和引发的探讨

  4 个月前,受荣安驾校的委托,开展了对荣安驾校的商业模式优化的实践调研项目,项目组成员用了近 2 个月的时间对荣安驾校进行了实地调研。荣安驾校的"先学后付、分段计时、一人一车、四个自主"的培训模式在市场上的认可度如何? 消费者如何寻找到他所要找的驾校? 项目组成员们带着问题,从普通消费者的角度对驾校所处的市场环境、市场同行和市场渠道进行了体验、调研和分析。

  在扁平化的全媒体时代,消费者除了通过传统渠道直接获得公司信息外,还会通过其他线上渠道了解相关情况,然后才决定是否进一步咨询公司客服人员,最后才做选择决定。项目组体验调研的重点之一就放在了荣安驾校的百度搜索推广上。我们用消费者最常用的方法,如果要找一家驾校,通常会在百度搜索栏里输入"驾校 报名"或者"上海驾校哪家好",我们看到首页前三条几乎都被荣安驾校的主要竞争对手——安亭驾校和通略驾校的推广占领,而如果我们直接输入"荣安驾校"和"安亭驾校",安亭驾校能做到首页全是公司的各类信息包括官网、报名电话、地图等,而我们看到的荣安驾校搜索结果要比安亭驾校差很多。项目组还体验了百度知道等消费者可能使用到的信息搜索渠道,同样是荣安驾校在很多方面都没有其竞争对手做得好,因此项目组把搜索引擎优化作为线上渠道发展策略之一写进了项目报告。

  当荣安驾校看了我们的项目报告后,一开始就对我们在报告中提到的以上结论心生怀疑,不知道是不是因为我们使用的浏览器等技术障碍导致。项目组组长李旎雅与荣安驾校负责营销的顾经理进行了长时间探讨,当我们排除一切可能引起不一致的因素后,比如地理位置、浏览器、时间等,项目组搜索出的仍然是与报告中一致的情形。这时荣安驾校意识到可能是百度方面的工作存在疏漏。企业购买技术服务,通常都是依靠服务供应商提供相关技术数据来进行分析,如果企业不经常回头看或者通过第三方检视对比,而企业又正好处于发展上升期,那么企业很难看出数据背后的真实情况。项目组的这一发现和探讨正应了那句"不识庐山真面目,只缘身在此山中",顾经理表示要与百度好好探讨问题所在。

这一意外的发现也引起了荣安驾校总经理陶总的注意,表示非常感谢项目组提出的问题,对驾校优化经营发展很有帮助。这是一次真实的诊断,也是一次意外的发现。我们不仅在实践中运用理论知识独立发现分析问题,同时也给企业带来一些启示,而且通过与企业的探讨进一步加深对理论的运用,这正是此次实践项目的目的所在。

"天下大事必作于细"。细微之处见精神,反思之中见乾坤。只有理论与实践相结合才能做到真正的教学相长。祝愿学院开办的整合实践课程活动越办越好!

（2014 级 MBA　李旎雅　供稿）

感悟　感知　感谢
——整合实践项目之"上海大众财富投资调查分析"

"上海大众财富投资调查分析"项目已近尾声,项目实施在理论学习、管理实践、思维碰撞、反思与质疑的交织中进行,在商学院老师的指导和帮助下我们项目组收获颇多、感慨颇深。

【感悟·经济匡时】

五位非金融背景的同学怀着一颗求知探索的心,尝试着去给一家财富管理公司进行调查分析本身就是一个挑战。在上海这块金融大咖云集的土地上,上海财经大学商学院将教书育人与融入社会需求通过整合实践项目有机地结合,使我们感悟到在校训中的"经济"二字所包含的经世济民、治理国家之意。

【感知·知行合一】

感受名师王琴教授的指导,深入企业进行调研,与企业的管理人员共同分析企业所提出的问题,提出策略方案。财富管理公司如何了解大众的投资方向、关注点、预期收益率,以及在大众心中的财富管理品牌认知度都是项目组探究的重点。

MBA课堂的学习使我们获得了"懂管理"的标识,更需通过理论与实践的结合才能培养出一个人系统思考问题的能力。商学院的整合实践项目正是将课堂所学知识应用到真实的管理实践中,真正做到"知行合一"(Action Learning)。

项目成员走访企业

【感谢·精诚合作】

整合实践项目的学习最重要的是使每一位组员深深感受到了团队的力量，深刻理解了协同作战的重要性。我们组项目开展时间延迟了一个月，实际开始的时间恰逢新学期开始，小组成员每周都有大量的专业学习课程，利用新媒体线上讨论已成为小组讨论案例的常态方式，我们每一次的课间休息时间成了面对面交流案例尤为珍贵的机会。在小组的分工合作中，我们的信息收集快速又全面，在看似零散的讨论中都能透彻地分析问题且很快理清思路，拿出最佳方案。

王春艳同学在"十一"假期调查问卷的推送和实时数据管理，吴敏刚同学遥远差旅中的报表分析，冯璐同学挑灯夜战对统计数据的交叉报告，王煜华同学伤病期间依然坚持完成了调研的数据汇总，这一幕幕场景是全体项目组成员全力以赴、互相补台、互相关照的写照,没有辛勤的付出就没有秋日的收获,让我们对精诚的合作相互道一声真诚的感谢。

(2014 级 MBA 谭建明 供稿)

与书院一起扬帆

感想（一）
团结 务实 扎实 奋进

　　今年有幸参加"机构运营管理模式优化"项目。整合实践活动切合了商学院"知行合一"的目标，只有与现实更紧密的接触，才能更好地实现"经济匡时"，使我们可以将学到的知识有一个好的实验田，受益匪浅。

　　（1）团结。参加项目以来，我最大的感受就是整个团队的团结。一个团体项目，如果想做得好，必须心齐，这样才能劲往一处使。项目组成员虽然来自不同的班级，但大家能够很快地融为一体，积极地为项目推进添砖加瓦。每次讨论都积极出席，并做充分的准备，踊跃发言。对问题的争论并不影响计划的执行，且执行得不遗余力。无论组员以前来自什么单位、做什么工作，对团队确定的实地考察、头脑风暴、神秘顾客等活动，我们每一个人都能全身心地参与，认真地记录，仔细地琢磨，争取做到最好。甚至在最后的方案PK，大家还针锋相对，热烈争论，并在达成共识的基础上团结一致地把最后的方案做好。虽然我们每个人都有工作，还有很重的课业，还有家庭要照顾，但是为了项目能够成功地实施，我们都克服困难，有几次活动还拖到很晚，但没有一个人有怨言，也没有人拖后腿。因为我们知道我们是一个团队，参与活动不仅是为了收获知识，从团队一组建我们就有了集体荣誉，我们也是为了集体的荣誉而战。

　　（2）务实。从活动开始启动，到方案的制订、活动的组织开展，我能感受到，这次活动和以前参与的一些活动很大的、不一样的地方就是务实。这次活动是同学的创业项目。我们本身也有着一定的使命感：让这新创的企业顺利地走上阳关大道。项目开展以来，我们根据企业的实际情况，不但实地考察了书院的周边环境以及办学情况，还对书院可能的潜在对手，或者说同行机构进行了神秘拜访，并根据考察情况，设计调查表格，收集目标客户的真实想法。根据客户需求，先分析机构的现状，切实地查找书院存在的优势和劣势，并最终提出符合书院发展的合理化建议，形成一个对书院长远发展有用的报告。

（3）扎实。一个好的报告，一定要有扎实的基本功。项目成员来自各个行业，我们能够在指导老师的指点下，充分发挥每个成员的优势，取得详实数据，并能够进行扎实的分析与总结。如有的成员是做财务工作的，作风严谨，且有极强的数据处理能力，对于我们搜集的数据，就都交予她进行处理，然后再找外部人进行复核验证，做到万无一失。

（4）奋进。项目有它的周期，但我们的友谊以及对美好未来的追求永不停止。项目成员在短短几个月的时间里，建立了深厚的友谊，甚至形成了共同的目标，也许有一天我们也可以一起开启共同的事业。当然我们每个成员还都会继续关注、关心书院，甚至考虑合作的机会。无论怎么样，项目可以结项，但我们的友谊不会停止，我们对事业的追求不会停止。最后希望上海财经大学商学院这样的项目能够继续开展。

感 想（二）

通过这次整合实践项目，我学到了很多校园内学不到的知识，有很多感想，再次与大家分享。

（1）学以致用。MBA 学习，更多的是提升综合素养，做到学以致用。整合实践项目恰好是一个很好的平台。虽然我们都是有一些工作经验的，但我们之所以回校学习，就是遇到了一些"瓶颈"，想通过学习进行突破。知识的转化需要时间，当然也需要实践检验。整合实践项目就是这样一个检验的平台和试验田,同时对企业也有不小的益处。项目成员是来自学校,却又来自各个行业,有更全面的知识结构、有更广阔的眼界,且可以很好地避免内部人缺陷。因此,结项报告必将对企业的发展提供有益的帮助。

(2)拓展人脉。很多人说读 MBA 就是为了认识一些人,拓展一些人脉。这是有一定的道理的。整合实践项目更是很好地提供了一个不错的平台。参加项目的成员来自不同的班级,且大家为了项目的成功完成一起努力,更能使大家互相了解,且对企业的实地探访和交流也扩大了交际圈。因此,整合实践项目是一个很好的拓展人脉的平台。

(3)开阔眼界。大家虽然来自各行各业,但平时很少能够有机会长时间交流工作心得、行业发展情况以及工作经验。而整合实践项目,恰好给大家提供了交流工作和经验的平台,而成员的工作背景的不同,必能开阔成员的视野,这也与商学院教育的目的以及学生学习的目的不谋而合。

(2014 级 MBA　望长想　供稿)

寻找荣安驾校可持续发展的新契机

和上海财经大学商学院最初的结缘始于 MBA 校园案例大赛,作为案例中的主人翁——荣安驾校总经理,我很荣幸地受邀成为大赛的评委。

在比赛中,面对"荣安驾校:如何迎接'驾考改革'新风?"这样一个棘手课题,上海财经大学 MBA 学员的诸多见解给我留下了耳目一新的深刻印象。坐在评委席上的我很是激动,同学们根据对中国驾培行业历史和现状的调研数据,结合在商学院学到的专业知识及个人实践,对企业转型发展战略、创新模式优化等很多方面所提出的具有独特视角的创意和见解,使我深受启发。比赛结束后,我久久不能平静,公司未来的蓬勃发展既需要不断地创新,也需要专业的管理,而要更好地实现这一目标,不正是需要集专业的理论知识、独特的创新思维、高效的执行能力于一体的,像上海财经大学 MBA 这样的商业精英嘛!正是通过这次经历,让我强烈地意识到:企业与高校合作,特别是与上海财经大学这样的名校合作,能使我们站得更高、看得更远、走得更好。

于是我更加关注与上海财经大学的合作机会,在得知 MBA 整合实践项目后,毫不犹豫地第一个报了名。这是一个把之前的案例合作深化落实的好机会,整合实践项目持续时间更长,学院给 MBA 学员团队配备导师作为智力支持,项目团队通过为期几个月深入的调研分析、思考总结、应用反馈,从盈利模式、平台商业模式、竞争战略、市场营销等不同维度给荣安驾校进行大数据把脉诊断,得出了一个针对性很强且比较全面、实用、高效的公司未来发展报告,这对我们企业来说真是如获至宝。

真的非常感谢上海财经大学商学院,感谢 MBA 整合实践项目,感谢所有参与整合实践项目的老师和同学们！这个平台给我们企业推开的不仅是一扇窗,而是企业通向可持续发展的理论与实践交相辉映之大门。希望上海财经大学商学院的整合实践项目越做越大,促进更多的校企合作、校企共建,产生更大的社会效益和公益影响力。

（上海荣安朱泾机动车驾驶员培训股份有限公司总经理　陶文光）

上海财经大学 MBA 整合实践项目有感

作为本次整合实践项目的企业方代表,我衷心感谢上海财经大学商学院给了我们书院一个提升经营能力的机会,同时也感谢 MBA 整合实践项目小组的指导教师许淑君副教授以及全体小组成员为书院提供的专业指导和帮助。

此次实践项目,旨在解决书院突出问题上下功夫,不仅科学谋划、周密安排、多措并举,并且以高标准、严要求扎实有效地推进各个环节的工作。整合项目组围绕书院的营销推广、绩效评估设计、招聘渠道、运营流程和连锁经营面临的问题,通过问卷、实地调查、头脑风暴等方式,在考虑到少儿培训市场的需求旺盛的大环境下,为我们制定了相应的发展策略和经营过程中的若干建议。

本项目历经 3 个月,从 2015 年 8 月初起到 11 月初止,其间项目组多次与我们沟通,了解书院在经营初期遇到的实际问题:位置较偏导致的生源不足、课程的定位模糊、教师招聘渠道狭窄、员工薪酬体系没有建立、核心竞争力不强、机构特色不明显······此外,还对机构后期的连锁经营提出了建议和设想。

3 个月的项目实践,小组通过设计调查问卷、网络顾客调查分析、扮演"神秘顾客"对竞争对手进行实地调查,以及两次"头脑风暴",分析了少儿课外辅导机构的市场现状,得出书院的 SWOT 分析模型。小组针对书院面临的问题,根据现有资源和现行法律规章,参考类似少儿培训机构的成功和失败经验,从实际出发,在营销、工资绩效、招聘渠道、运营以及连锁经营五个方面分别为我们制定了发展策略。

　　本次整合项目，是对书院经营理念的革新以及运营模式的优化。此次整合实践得出的项目报告对我们今后机构的运营有着很大的指导意义。

　　再次感谢上海财经大学商学院整合实践项目全体成员！

（书院负责人、2014 级 MBA　陈雅琼　供稿）